女優やモデルの
おうち習慣

# テニスボールダイエット

パーソナルトレーナー
KAORU

幻冬舎

東京、表参道。
ここに女優やモデルが
足しげく通う、
隠れ家スタジオがある——

そこにお忍びで訪れるのは、
誰もが憧れる、スタイル抜群のトップモデル。
内面から美しさがにじみ出る国民的スター。
いくつになっても年齢を感じさせない大女優。

ダイエットとは無縁の人生を歩んでいると
思われがちな人たちも、
私たちと同じように、悩みをもっている。
極度の運動嫌いだったり、食べることが大好きだったり、
日常生活のクセから左右のバランスが崩れていたり。

そうしたひとりひとりの性格や環境、
演じる役柄、魅せたいパーツに合わせ、
オーダーメイドでメニューを作る。

そのメソッドは、
ボディラインを確実に美しくする！
そして即効性があるから撮影前にも駆け込む。

だから評判が撮影現場に口コミで拡がり続け、
いつもは自宅にトレーナーを招く彼女たちが
わざわざ足を運ぶ、そんなスタジオ。

足裏で転がしたり、ふくらはぎにはさんで
正座したり、胸の上でコロコロしたり。
そのイタ気持ちよさはいつしかクセになり、
続けるうちに
なんとボディラインが美しく、スリムに！

「えっ、そんなことで本当にやせるの？」
大丈夫、運動の効果は抜群です。

激しい運動は不要、食事の制限もナシ。
いつでもどこでも、ボール1個で体を変えられる
「テニスボールダイエット」をぜひ体感してください。

## そこで
## 使われているのは……
## なんとテニスボール！

## テニスボールをあてる、はさむ、コロコロするだけ

基本は「テニスボール1個を体にあてたり、はさんだりして転がす」だけ。自分の体重を利用して、運動の強度を調節できる点が魅力です。

## 1日たった10分、こまぎれでもOK

忙しい毎日の中で、運動する時間はなかなかとれないもの。テニスボールダイエットならスキマ時間にこまぎれでおこなっても、1日トータル10分で効果が出ます。

## 食事制限の必要なし！

ダイエットといえばつらい食事制限がつきもの。でも筋膜（筋肉を包む膜）や骨盤に働きかけてシルエットを変えていくこのメソッドなら、ふだんの食事のままでOKです。

## はじめに

# ボール1つで筋膜をリリース、骨格までも整える

こんにちは。パーソナルトレーナーのＫＡＯＲＵです。

フィットネス指導歴37年、のべ60万人の美と健康にたずさわってきた私が、もっとも大事にしていること。

それは「体を、まずやわらかくする」ということです。

人間は誰でも、日常生活の中で体のコリやゆがみが生じます。

生まれたての赤ちゃんのようにまっさらな体でいられたらいいのですが、歩き方のクセ、バッグの持ち方、仕事で同じ姿勢を続ける……そういった日常生活の積み重ねが体をゆがませ、硬くしてしまいます。

だから私はどのお客様にも、最初にテニスボールを渡すのです。

これから本書でお伝えするように、テニスボールで筋膜のコリをゆるめて（リリース）、

それからのばす（ストレッチ）ことで、体の状態をあるべき位置にリセットすることができます。

すると筋肉が本来の力を発揮するようになり、血流が改善、リンパの流れもよくなり、代謝がアップ。体が気持ちよく使えるようになり、姿勢も整って、余分な脂肪が落ちやすい体になります。

私自身の写真からも、その変化がおわかりいただけるはずです。

**2020年・58歳**

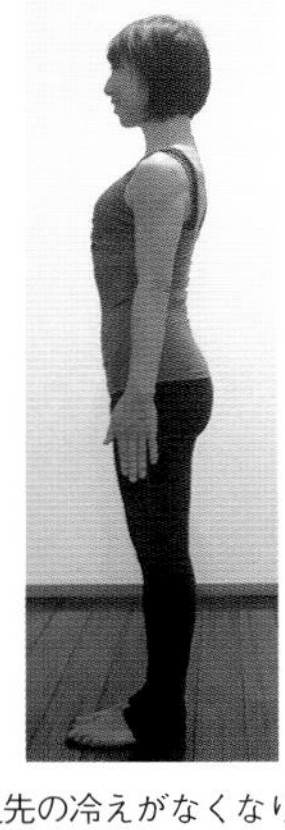

足先の冷えがなくなり、
バストトップが上がった。
7年前より美姿勢に！

**2013年・51歳**

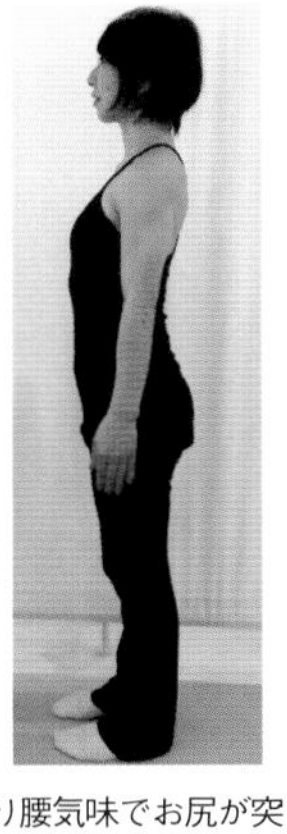

反り腰気味でお尻が突き
出ている。足先が冷たく、
靴下が手放せなかった

# 何歳からでも美しいボディラインは手に入る

私はパーソナルトレーナーとして、お客様にマンツーマンで寄り添い、その人ごとにベストな方法でエクササイズを指導しています。

でももちろん毎日いっしょにいられるわけではありません。お客様は超多忙な方ばかり。レッスンにいらっしゃることができない期間もあります。

だからこそ、私は今回ご紹介するテニスボールのエクササイズをすべてのお客様への「宿題」としています。

朝やっても夜やってもいい。デスクの下でも、移動中の飛行機や新幹線でもできる。部屋に置いてもインテリアを邪魔しない！

こんなに手軽なのにしっかり効果があるから、みなさんバッグの中にテニスボールをひそませて、時間を見つけてコロコロしていら

っしゃいます。

年齢制限もありません。60代でも70代でも80代でも、ゆるめて、のばせば、体は変わるのです。それは60万人の体を見てきた経験から断言できます。

運動嫌いな方、面倒くさがりな方、食べることをガマンしたくない方、ダイエットでリバウンドした経験がある方、忙しくてなかなか自分に時間をかけられない方、そんな方にこそおすすめしたいのがこのメソッドです。

体が変わると心が変わり、人生までもが前向きに。いっしょに楽しく、テニスボールダイエットを始めましょう！

# KAORU式メソッドがキレイの秘密です

## 檀れいさん

Profile

女優。1992年宝塚歌劇団に入団。99年より月組トップ娘役、2003年から星組トップ娘役を務め、05年に退団。翌年『武士の一分』で日本アカデミー賞優秀主演女優賞および新人俳優賞を受賞。

### 鍛えるよりもゆがみのリセットを大事にするようになりました

〝どんな役がきても応えられる体でいたい〟という思いから、宝塚時代も退団後も、意識して筋トレなどのトレーニングを続けていたのですが、ふと、このまま筋トレだけを続けていていいの、と思うようになりました。

　そんな頃に雑誌で知ったのがＫＡＯＲＵ先生です。直感的に〝この人のところに行こう〟と、すぐに電話しました。ＫＡＯＲＵ先生に出会って改めて、「私は鍛えるよりもまず、基礎となる土台から体を作り直さなくては！」と気づいたんです。長年の体の使い方のクセや、それに伴うゆがみなどをすべてリセットして、自分を作り直したい。今はその真っ最中です。

　テニスボールでのエクササイズをおこなうと、骨と筋肉が本来の位置に戻っていく感じがします。その日の疲れ具合や体のどこを酷使したかによって、気持ちよく感じたり痛みを感じたり。自分の体と向き合う大事なひとときになっています。

　ＫＡＯＲＵ先生に「檀さん、今まですごくがんばってきましたね。こんなに筋肉が縮こまっているのは、がんばった証です」と言われたことがあります。そうか、私の体はすごくがんばってくれていたんだ、これからは少し肩の力を抜いて、ラクに前進していけばいいのかな、と気づきました。

　もちろん年齢のせいで何かをあきらめたくはないですし、自分の可能性を狭めたくもない。テニスボールを使った〝がんばらない〟エクササイズは、自分らしくポジティブに年齢を重ねていく支えとなってくれそうです。

撮影／中川真人

## 藤原美智子さん

**Profile**

ヘア&メイクアップ・アーティスト／ライフスタイルデザイナー。「ラ・ドンナ」主宰。ヘア&メイクから生き方まで、実践を伴った説得力ある美容理論で不動の人気を誇る。

撮影／神戸健太郎

### 毎朝のストレッチタイムには テニスボールが欠かせません

STUDIO Aproに通って7年目です。職業柄、体を不自然にねじった姿勢を長時間続けるので、腰や背中が異常に硬いのが悩みでした。KAORUさんは長年の経験と豊富な知識で、的確で細やかな指示をしてくれます。今では体の問題点が改善され、長年の夢だったバレエを習い始めることができ、憧れでもある〝バレリーナの無駄のない美しい背中〟に少しだけ近づけたように思います。もしKAORUさんに出会えていなかったらと思うと、ゾッとします。

テニスボールは毎朝のストレッチタイムに使用しています。足裏リリースはもちろん、壁を使って背中や腰、肩の硬い部分にボールをあてながらひざを曲げ伸ばしして、マッサージ。気持ちよくてハマっています。側頭部にボールをあててコロコロと頭皮マッサージをするのもおすすめです。

## 黒田エイミさん

**Profile**

モデル。「VERY」「BAILA」など多くのファッション誌で活躍中。ユニクロのCMでの健康的で美しい下着姿が話題に。プライベートでは1児の母。

### ひざ下を重点的にコロコロしたら 脚の形がよくなりました

KAORUさんのことを知ったのは撮影現場での口コミです。すでに通っていた方に紹介してもらい、週1回通うようになりました。私は体の外側に体重をかけがちで、脚の外側が張っていたのが悩みでしたが、セルフケアの仕方と、足裏で正しく歩く感覚を教えてもらって、張りが取れて脚の形がよくなったと思います。

セルフケアは脚、お尻をメインにテニスボールでコロコロと、特にひざ下が張りやすいのでそこを重点的にやっています。すねの外側を上から下までと、ふくらはぎをひざ裏から足首まで。夜寝る前が多いけれど、ヒールを履いて疲れた日は帰宅後すぐにやるようにしています。

エクササイズ後の、体が整った！　という感覚がとっても気持ちいいです。体に不快なところがないと、心もポジティブになっていきますね。

# 理想のボディがかないます

キュッと上がった
美尻ゲット

くびれが
出現！

硬い体が
やわらかくなる

むくみ
知らずに

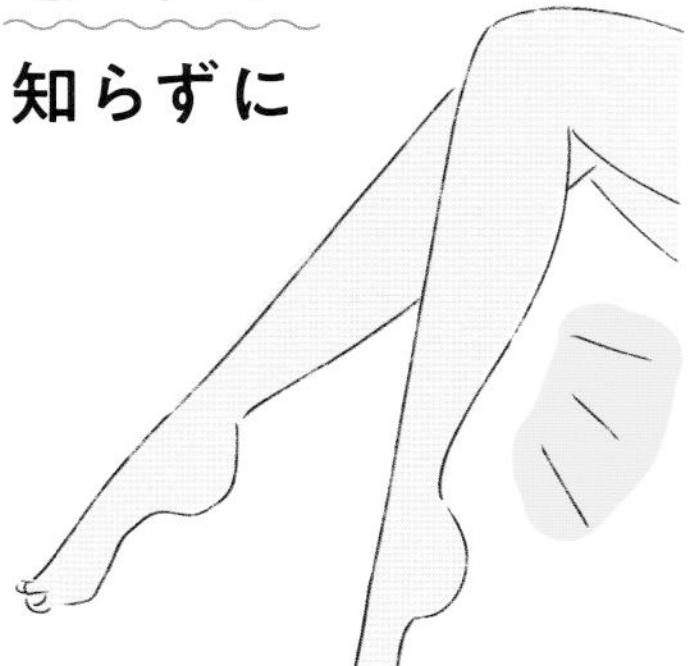

# テニスボールダイエットで

## フェイスライン
すっきり

## すらっとした
## 姿勢美人に！

## スキニーパンツが似合う
## スリム脚へ

## 冷え症
とサヨナラ

# こんなに変わりました！

CASE
1
Yさん
33歳

1ヵ月後

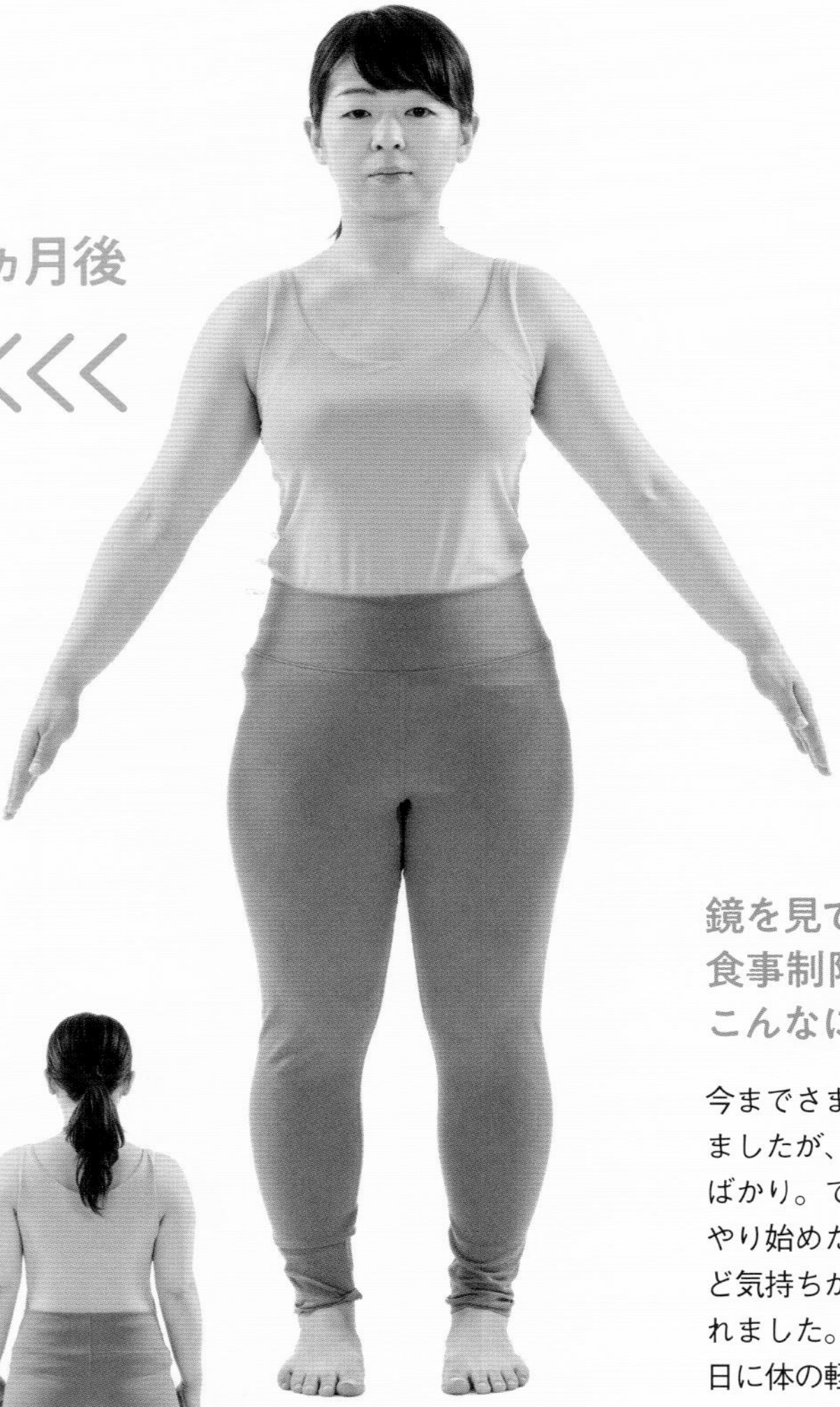

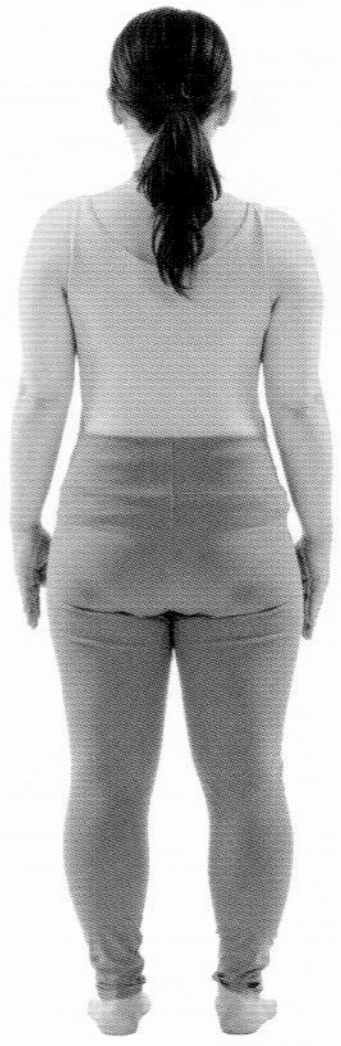

## Before

| | |
|---|---|
| 体重 | 56.45kg |
| 体脂肪 | 33.7% |
| ウエスト | 73cm |
| ヒップ | 93cm |

### 鏡を見てビックリ！<br>食事制限なしで<br>こんなに変わるなんて！

今までさまざまなダイエットを試してきましたが、効果を感じられずリバウンドばかり。でもテニスボールダイエットは、やり始めたらずっとやっていたくなるほど気持ちがいいので、毎日楽しく続けられました。食事制限をしなくても、日に日に体の軽さを感じられるようになり、たった1ヵ月でこんなにウエストがほっそり。周りの人からも「顔がすっきりしたね！」「あご下が細くなったね」と、ほめられました。見た目だけでなく、以前よりお通じがよくなり、息がしやすくなったのもうれしい効果です。

# 私たちテニスボールダイエットで

体重
−2.2kg

ウエスト
−7.5cm

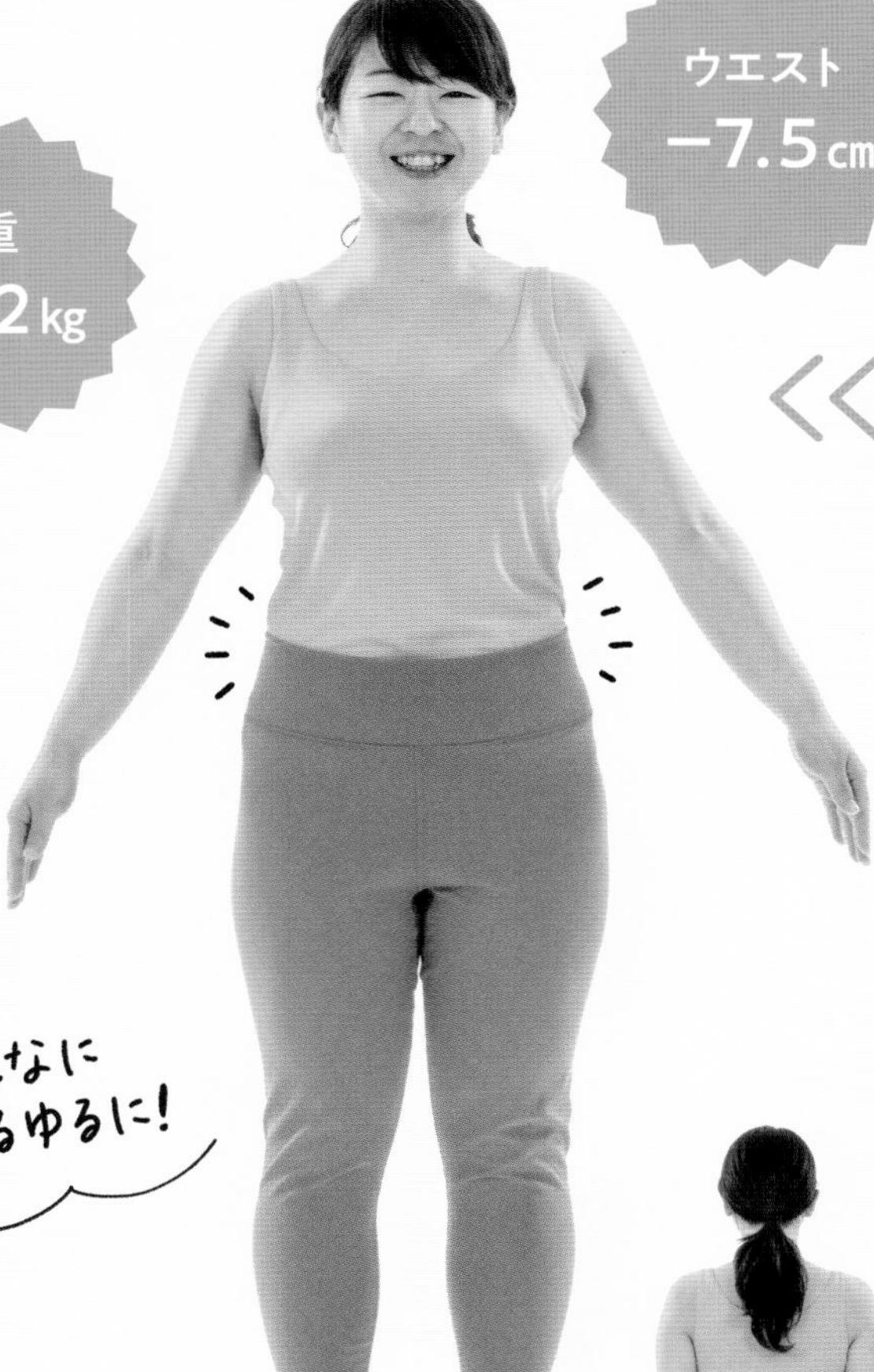

**After**

| | |
|---|---|
| 体重 | 54.2kg |
| 体脂肪 | 32.0% |
| ウエスト | 65.5cm |
| ヒップ | 91.5cm |

こんなに
ゆるゆるに!

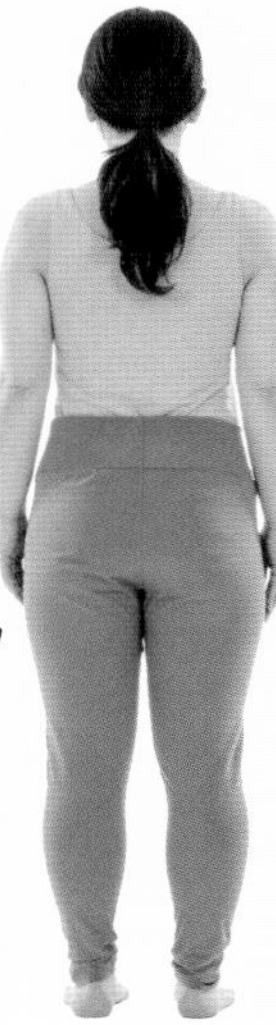

キュッと
小尻に!

CASE 2

Kさん
27歳

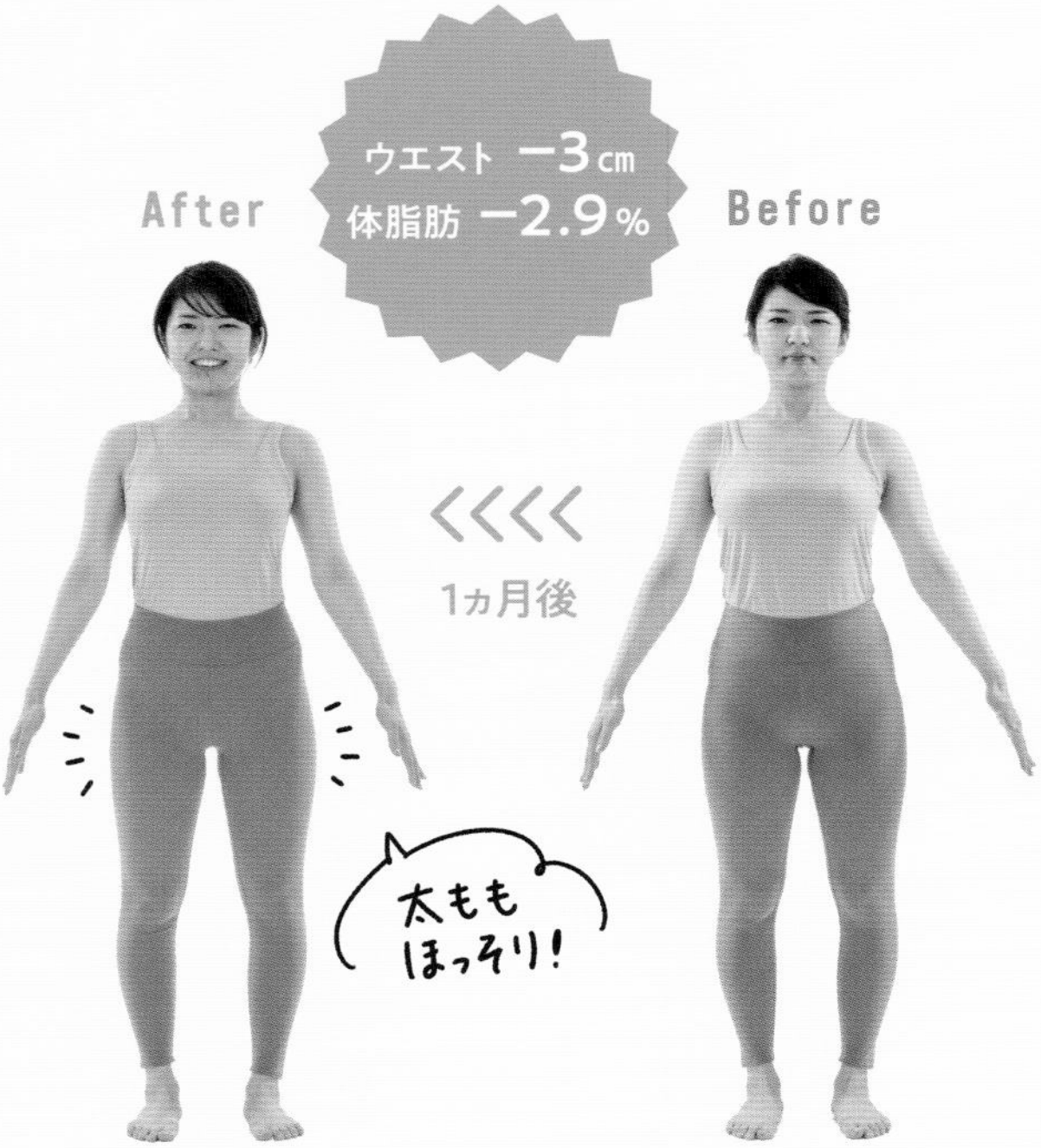


## ウエディングドレスが似合う自分になるために!

結婚式に向けて、テニスボールダイエットに挑戦。やればやるだけ体の軽さを実感でき、朝おこなうと1日を気持ちよく過ごせて、就寝前におこなうとよく眠れるので、朝晩の日課に! ずっと気になっていたお腹まわりがすっきりし始め、顔のむくみも解消。理想の体に近づいてきたので、結婚式が楽しみ♪ もちろん式が終わっても、毎日継続します。

CASE 3

Sさん
38歳

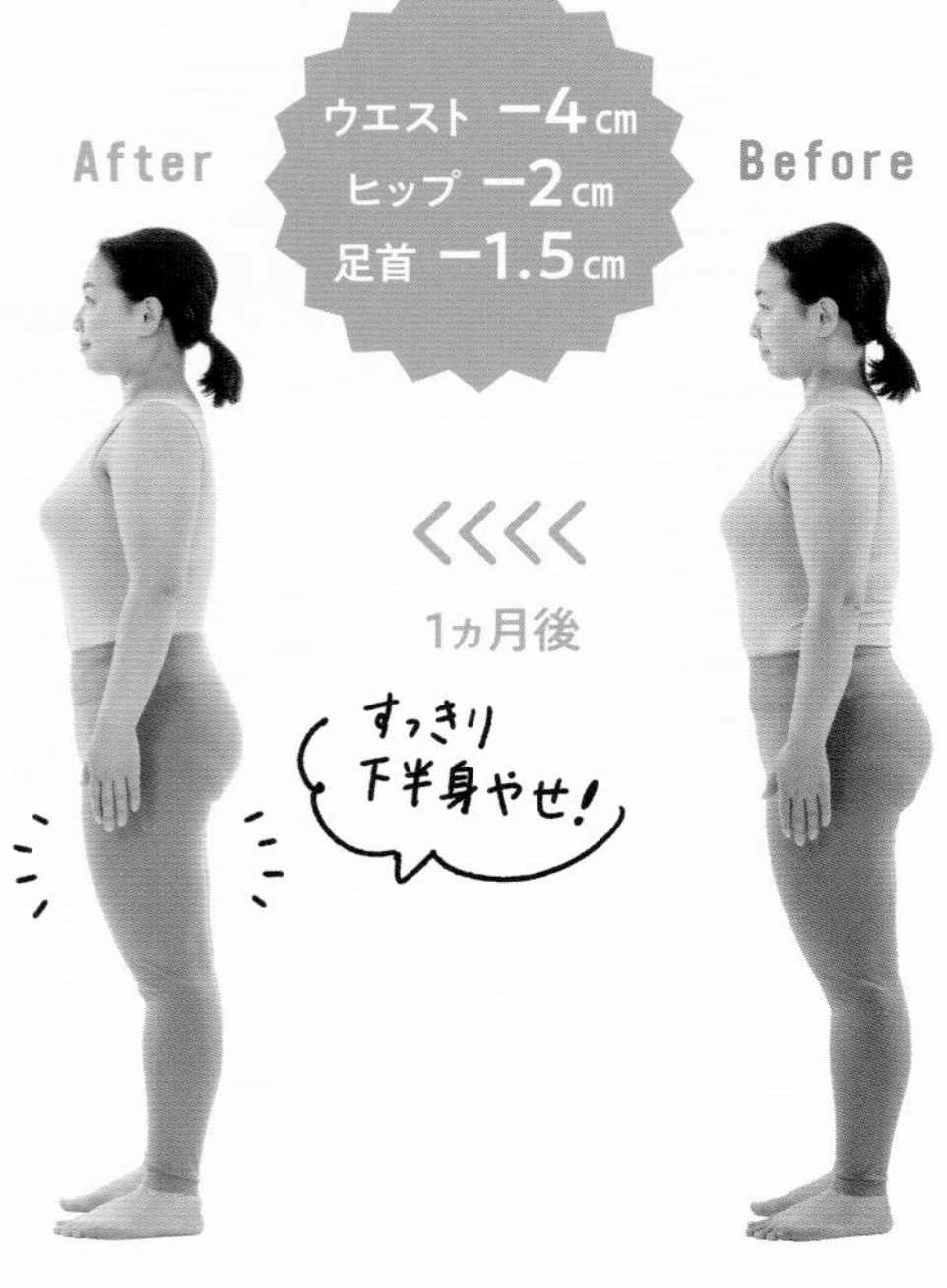


## 今まで穿《は》いていた下着やボトムスにゆとりが!

運動やダイエットが苦手で、最初は自分に続けられるか不安でしたが、KAORU先生の「正確にやろうとせずに、自分のペースで」の言葉で、気持ちがラクに。何をやっても三日坊主の私が、1ヵ月間1日も欠かすことなく続けることができ、自信がつきました。背中や太もも周りのダルダルが、少しずつ引き締まってきて、ボトムスがするりと穿けるように!

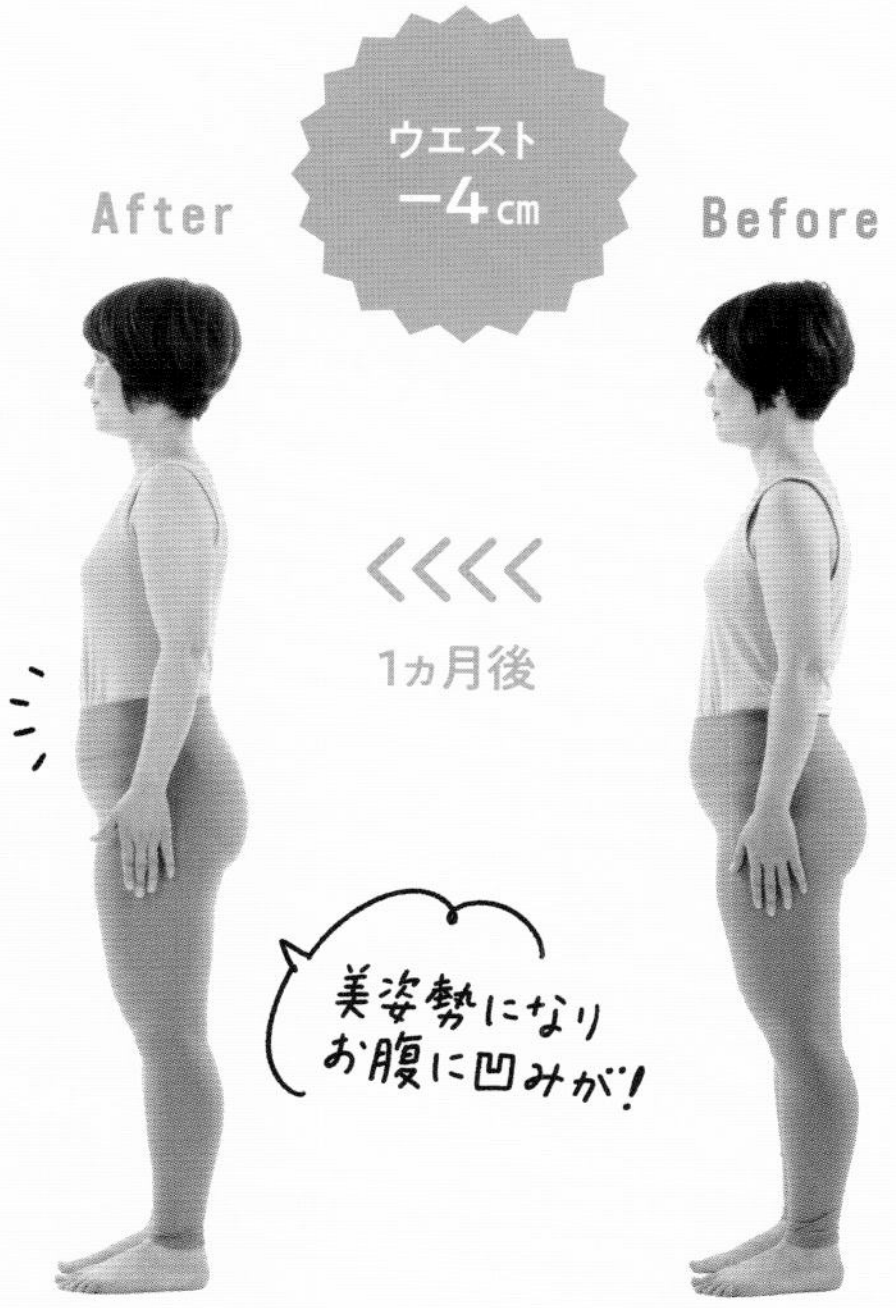


CASE
4
Oさん
48歳

## 便秘体質が治り、ぽっこりお腹に変化が！

最初に足裏のリリースをおこなった時は本当に痛くて、「無理〜!」と思ったけれど、やり続けているとほぐれ始め、気持ちよさを感じるようになり、やめられなくなりました（笑）。エクササイズを始めてからお通じがよくなり、体が軽いんです。足のむくみも気にならなくなり、 お腹にも凹みが! 自分の体の硬い箇所やクセに気づけたのも、大きな収穫です。

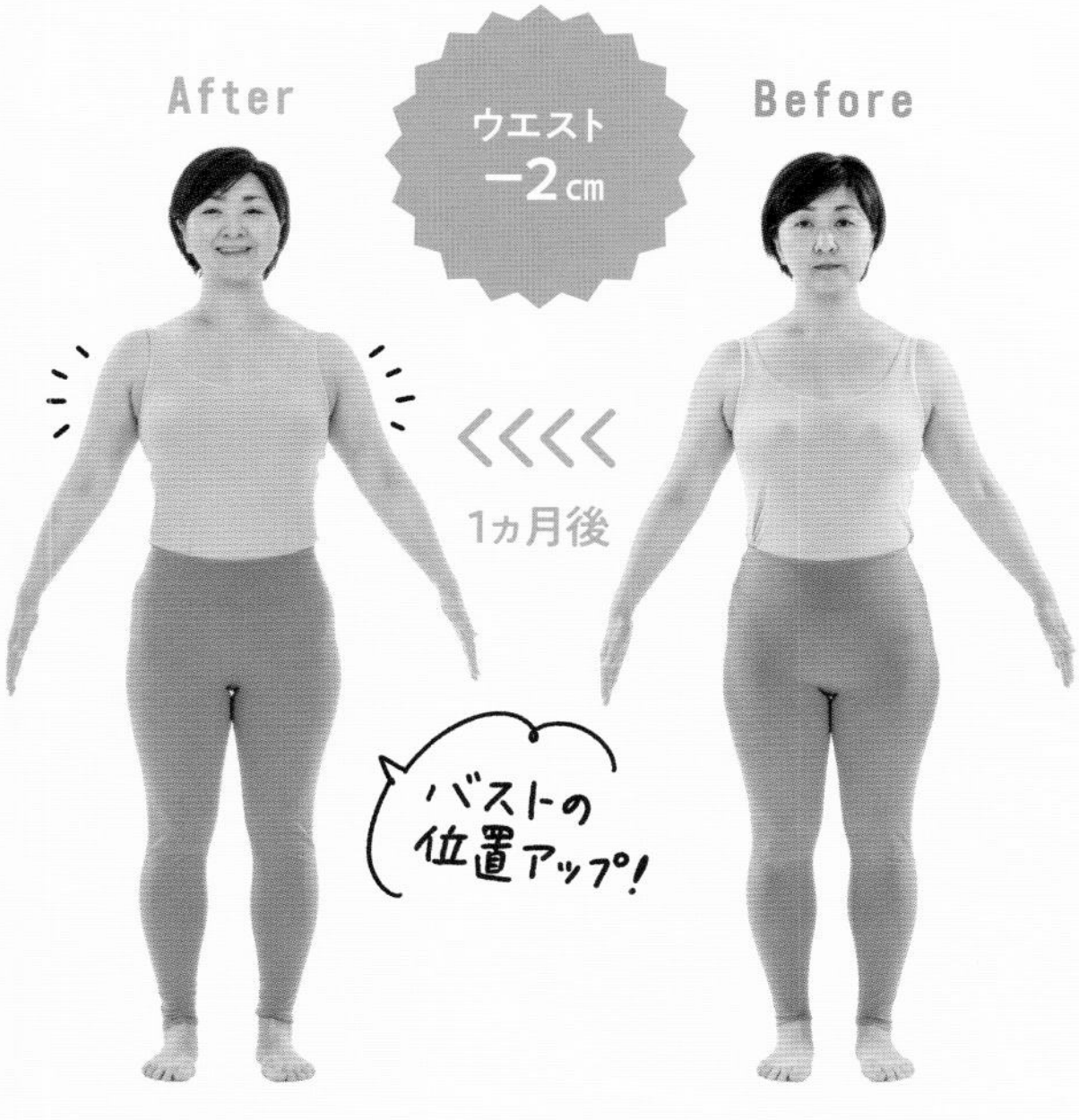


CASE
5
Kさん
43歳

## 慢性的な不調が解消され、バストアップの効果も

ヨガやピラティスの経験があるので、体はやわらかい方だと思っていたのですが、こんなに自分の筋肉が硬かったなんて! 始めて2週間で、リリースしないと体がすっきりしないことに気づいて、出張先にボールを持っていくほどに。体のシルエットが変わっただけでなく、長年悩まされていた肩コリや片頭痛が改善され、バストの位置が上がったのにはビックリ。

CASE
6
Iさん
32歳

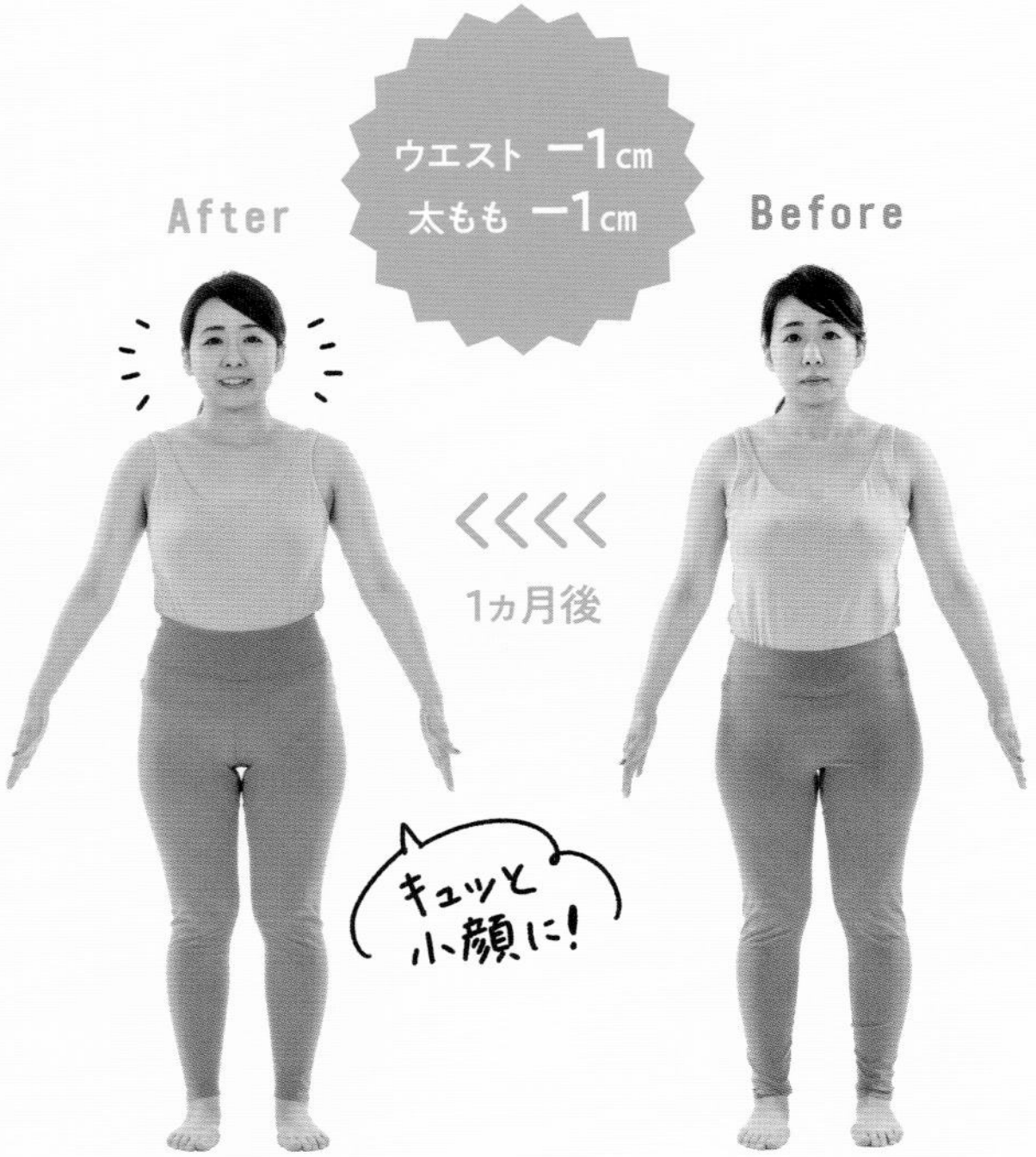


## 小顔効果を即実感!
## 心境にもうれしい変化が

「すべてを完璧にしようと思わず、1つでもいいから、とにかく続けることが大切」と、KAORU先生が言ってくださったので、忙しい時も、できる範囲のエクササイズを続けました。おすすめは、小顔のリリース。フェイスラインが変わり、次の日に「顔が小さくなったね」と言われた時はうれしかったです。もっとキレイになりたいと、美意識も高まりました。

CASE
7
Fさん
43歳

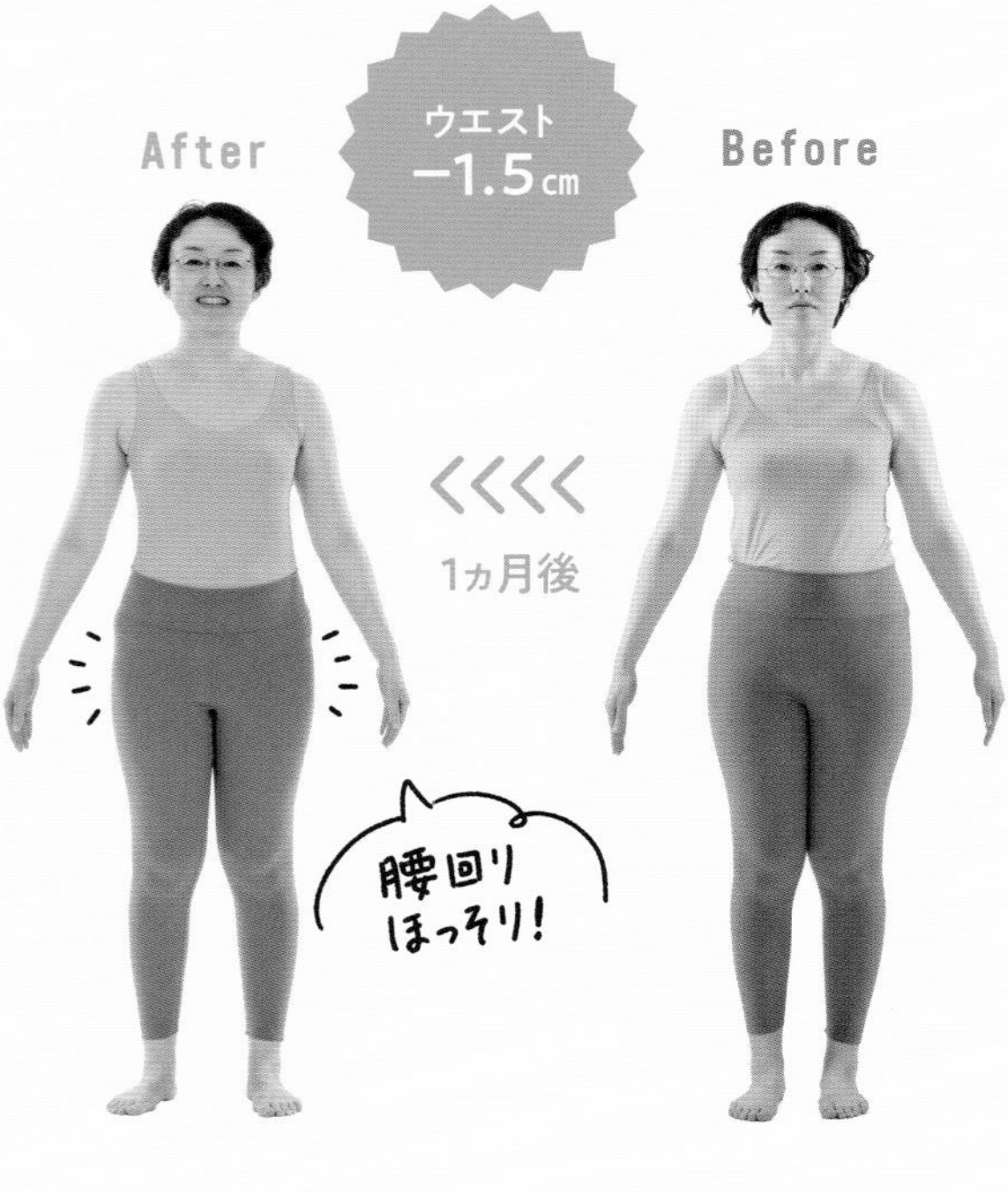


## 万年冷え症とサヨナラ
## 体がポカポカに!

ふだん使わない筋肉をテニスボールで動かすので、最初は筋肉痛になりましたが、すぐに慣れて心地よさを感じるように。極度の末端冷え症で、汗をほとんどかかないのですが、基本編を1回おこなっただけで、じんわり汗をかくまでに! 毎日続けていたら、体温が上がり、冷え症が気にならないようになりました。これは本当にうれしい変化です。今後も続けます!

＼ 即効性も実証済み ／

# 基本編をたった1回で サイズダウンも！

ダイエット開始日、「2リリース＋1ストレッチ」の基本編3つを1回おこなっただけで、ウエストがあっという間にサイズダウンしたモニターが続出！ テニスボールダイエットには即効性があるのです。

たった1回で……

ウエスト －4cm、ヒップ －3cm！（Oさん・48歳）

ウエスト －3cm！（Yさん・33歳、Kさん・41歳）

ウエスト －2cm！（Kさん・27歳、Sさん・38歳）

# 成功者たちのマイルール 毎日続けるコツは？

とりあえず
ヨガマットを敷く！
するとやる気が出てくる
（Yさん・33歳）

ボールは友達！
ずっと持ち歩いていた
（Kさん・27歳）

歯みがきしながら、
TVを観ながら、とにかく
ながらコロコロ
（Oさん・48歳）

ボールを複数購入。
すぐできるように
部屋のあちこちに
置いておく
（Kさん・43歳）

# CONTENTS



CHAPTER 1

## 知れば知るほどやせやすくなる テニスボールダイエットの秘密

CHAPTER 2

# 基本編

## たったこれだけでシルエット激変

CHAPTER 3

# 「リリース＋ストレッチ」で悩みに応える レベルアップ編

## 本書の使い方

**チャート診断で
あなたに合った
エクササイズをチェック**

24ページのチャートで、
まずやってみるべきエクササイズを
調べてみましょう。

**すぐやってみたい方**

「基本編」（48ページ）から
早速スタート。
物足りなくなってきたら
「レベルアップ編」（70ページ）
にもチャレンジ。

**どうしてやせるのか
知りたい方**

「テニスボールダイエットの秘密」
（28ページ）で理論をチェック。
理屈がわかると、より効率よく
エクササイズをおこなえます。

# あなたにぴったりのエクササイズがわかる！
# チャート診断

50ページから始まる基本のテニスボールダイエット。「ウエストシェイプ」「小顔」「ヒップアップ」の3つのパートに分かれています。あなたの性格や生活環境なら、どのパートから順に取り組むと効果が出やすいか、診断してみましょう。もちろんどこにたどり着いても、3つのパートすべてに取り組んでOKです。

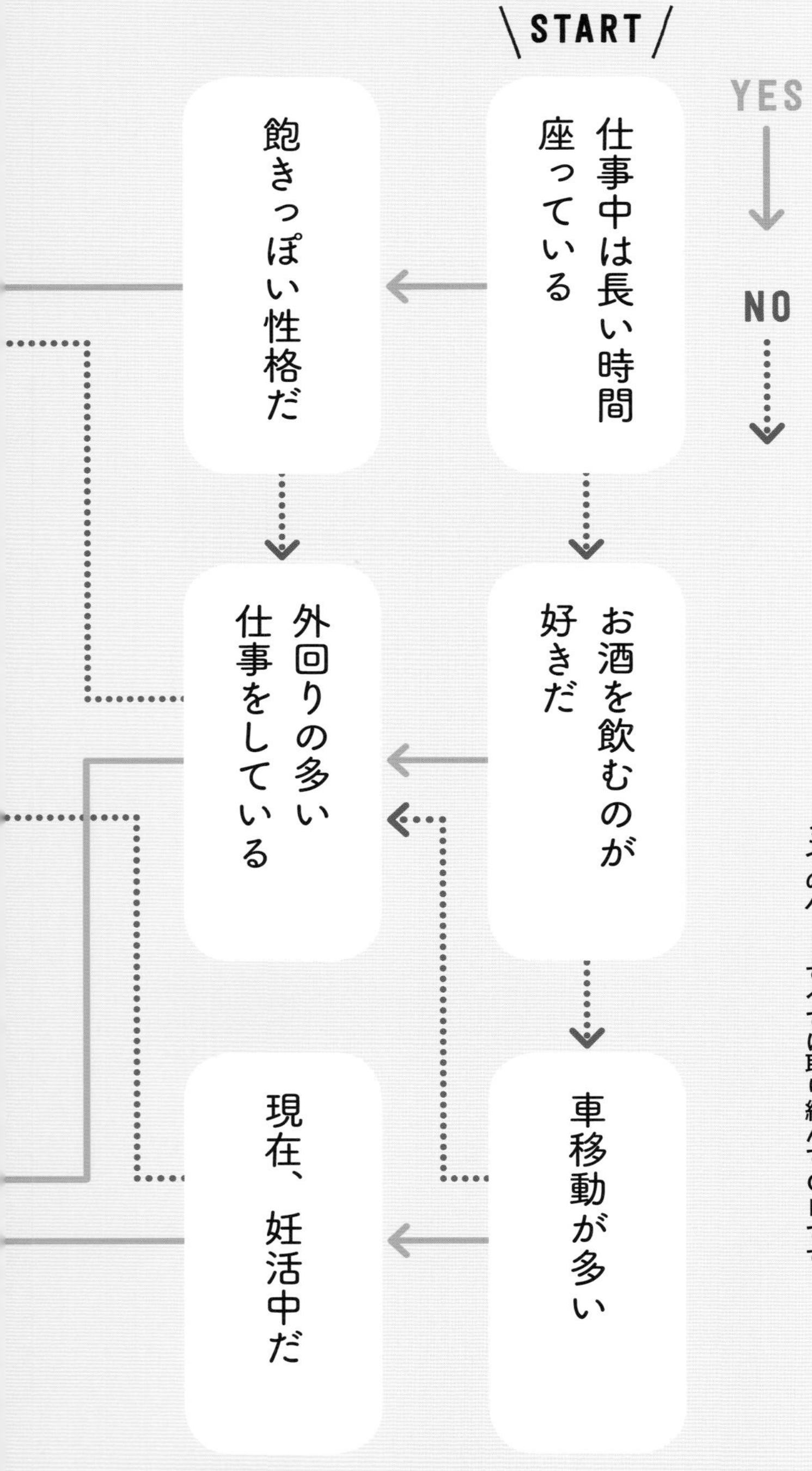

現在子育て中あるいは介護中だ

お腹まわりがやせづらい

お尻の形が気になる

肩が前に出ている

猫背が気になる

X脚またはO脚である

## 小顔

P56

まずは上半身を中心にエクササイズをスタート。フェイスラインに変化が出ると周りからほめられることが増え、やる気が持続します。

## ウエストシェイプ

P50

ダイエットの王道・ウエストを細くすることに狙いを定めていきましょう。体がラクに使えるようになり、疲れにくくなる効果も。

## ヒップアップ

P62

お尻は意外と人に見られているパーツ。ピンと上がったきれいなヒップラインは、それだけで格段にスタイルよく見せてくれます。

# エクササイズページの読み方

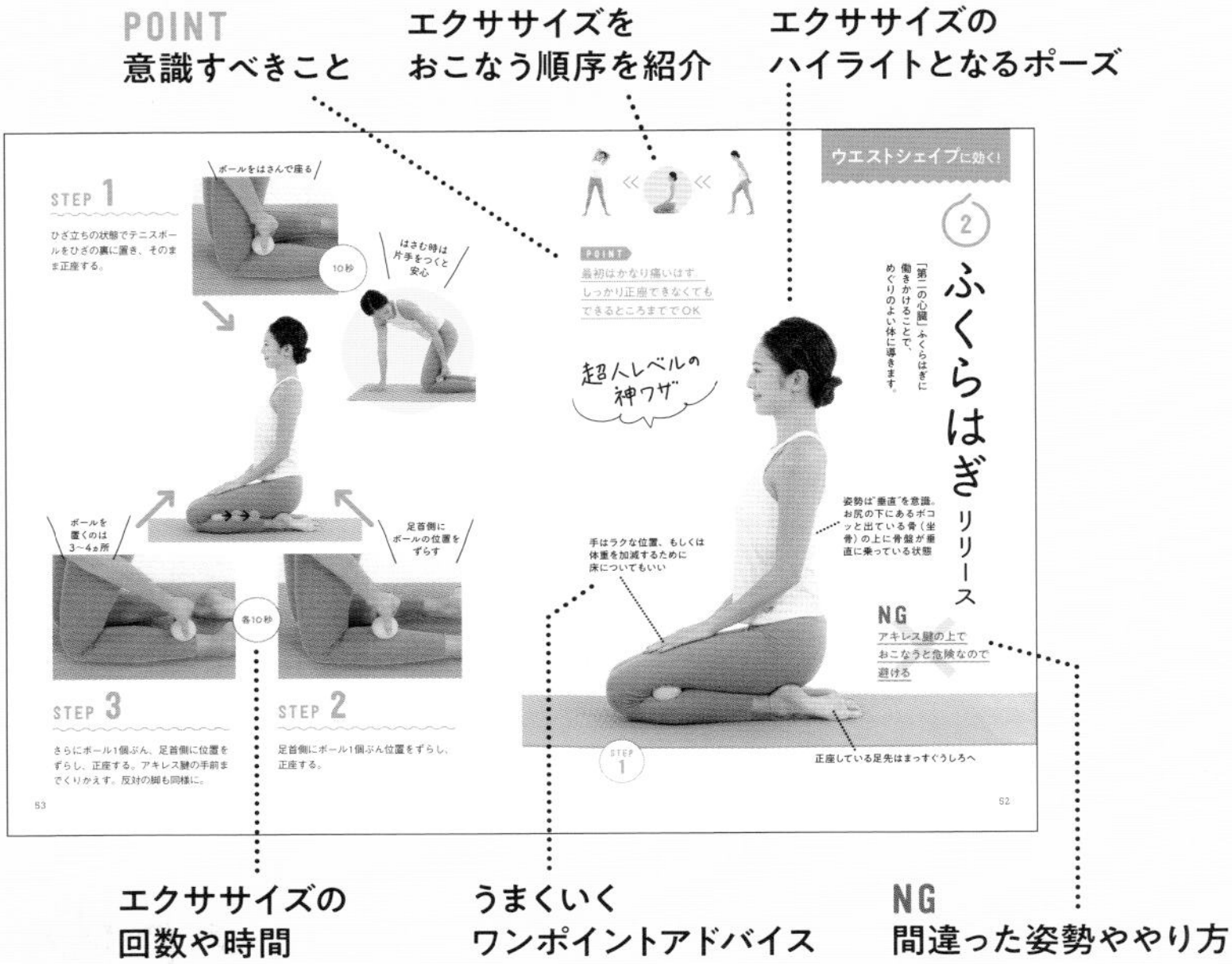


# 注意してほしいこと

- ●まったく同じポイントに30秒間以上、テニスボールで刺激を与えることは避けてください。特に、首には神経や重要な血管が多く通っています。ボールを首に直接あてて力をかけることはやめてください。
- ●皮膚の弱い方はボールを直接肌にあてるのではなく、衣服の上からあてるようにしてください。
- ●内出血しやすい方はボールを直接肌にあてるのではなく、衣服の上からあてるようにし、力をかけすぎないようにご注意ください。
- ●本書でご紹介しているエクササイズは、医療行為ではありません。特定の疾患を治療するものではなく、自分の体と向き合うためのものです。
- ●本書でご紹介した方法を実行された方々の結果には、個人差があります。
- ●持病のある方や通院されている方、妊娠の可能性がある方などは主治医とご相談の上、取り組んでください。
- ●エクササイズに慣れないうちは、必ず椅子や壁につかまっておこなってください。また、床に放置したボールによる転倒にはじゅうぶんご注意ください。

CHAPTER

1

知れば知るほどやせやすくなる

# テニスボールダイエットの秘密

# テニスボールダイエットとは

テニスボールダイエットは、ボールを使って筋膜をゆるめて（リリース）、のばす（ストレッチ）、シンプルなエクササイズです。「筋膜」とは筋肉を包んでいる膜のこと。膜がこわばると、筋肉が硬く、動きづらくなってしまいます。ボールを足裏で転がしたり、ふくらはぎにはさんで正座したり、胸の上でコロコロしたりすることで、体の状態を本来あるべき位置にリセットすることができます。

1. 筋膜がリリースされる
2. 膜がほぐれることで、筋肉が動きやすくなる
3. 骨格が整う
4. 関節の可動域が広がる
5. 血流やリンパの流れが改善される
6. 代謝がアップする
7. やせやすい体質になる

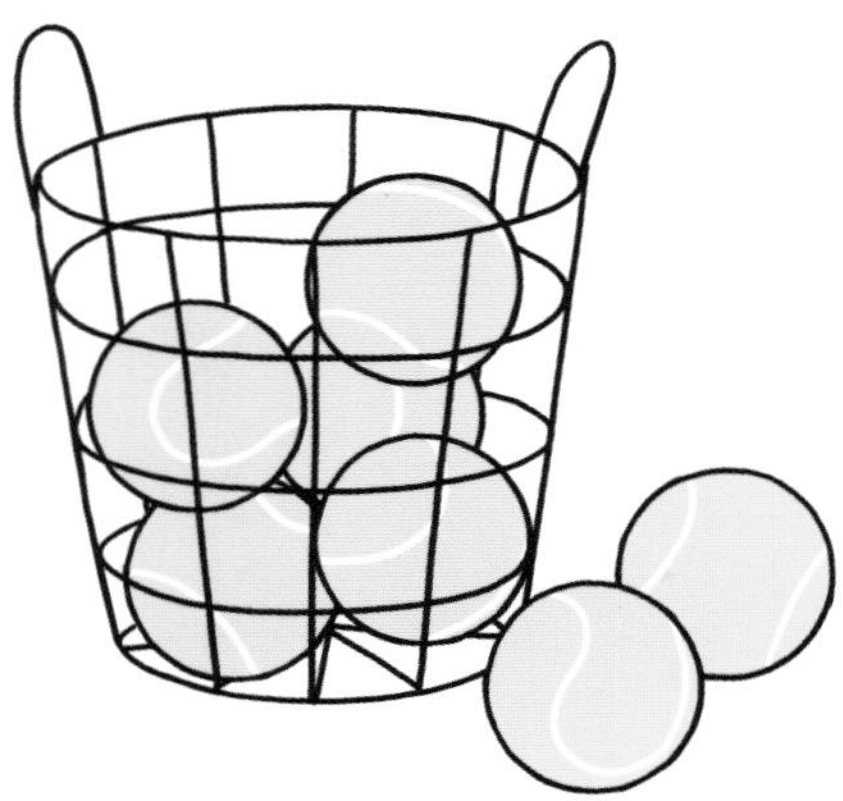

# テニスボールダイエットには メリットいっぱい！

## 筋肉が動きやすくなる

- お腹や太もも、お尻などのセルライトが取れやすくなり、細く見える。
- 背骨まわりの筋肉のコリがほぐれ、体幹の動きがよくなるため、全身にメリハリがつく。冷え症改善、ストレス緩和効果も。
- 足裏の正しいアーチができることで、重心の位置が変化し、それに伴い骨盤のゆがみが矯正されてウエストが細くなる。
- 足全体の血流がよくなり、足先の冷えが改善。
- 肩コリが解消。
- 血のめぐりがよくなり、集中力が高まる。

## 骨格が整う

- 姿勢が矯正され、骨盤のゆがみが解消、ボディラインが美しくなる。

## 代謝がアップする

- 肩甲骨まわりが刺激され、全身の新陳代謝が高まり、やせやすい体質に変化。

## 血流やリンパの流れが改善される

- 老廃物が体外に排出されやすくなる。
- 美肌効果。
- 全身のむくみが解消。

# 運動直後にサイズダウン！続ければ全身やせに

## 即効性がうれしいから、続けられる

モニターとして体験してくれた方々の例では、「基本編」のエクササイズを1回おこなっただけで、ウエストが3、4センチマイナスになった方もいます（19ページ）。

私のスタジオでも、帰り際に「穿いてきたパンツがゆるゆるです」とおっしゃる方はとても多いです。即効性が非常に高いメソッドなのです。

もちろん、1回エクササイズをおこなっただけで、脂肪が消えたわけではありません。足裏からふくらはぎの筋膜にテニスボールでアプローチをすると、硬かった足首がゆるみ、重心の位置に変化が起こり、骨盤が整います。すると不必要にお腹まわりにたまっていた脂肪が分散していくのです。脂肪はなくなったわけではなく、ちらばっていったのですね。

そのままにしていたらまた骨盤はゆがみ、脂肪はお腹まわりに戻ってきます。しかし、エクササイズを継続することで、脂肪を落としていくことが可能です。

事実、モニター参加者には1ヵ月の継続でウエストがマイナス7・5センチという結果が出た方もいます（14ページ）。

「基本編」のエクササイズは上半身と下半身にくまなくアプローチできるよう、組み立ててあります。体中をコロコロしなくても、ポイントだけで全身やせの効果が見込めます。体のめぐりがよくなり、代謝がアップ。脂肪が燃えやすい体となり、やせやすい体質へと変化していきます。

毎日のエクササイズはもちろん、特別な日の直前の即効メンテナンス術としても役立ててください。

# あらゆるフィットネスを経て たどり着いた究極のメソッド

## 体のゆがみが自分でメンテナンスできる

自他ともに認める体オタクの私。これまでの人生で、美と健康によいといわれるフィットネスをかたっぱしから経験してきました。

クラシックバレエ、エアロビクス、各種ダンス、ヨガ、ピラティス、加圧トレーニング……。日本チャンピオンになったり、指導者の資格を取ったり、ありとあらゆるダンスや運動、コンディショニングメソッドにのめり込みました。

しかし、体をゆるめてゆがみを整えることだけは、整体やマッサージや鍼《はり》など、人の手を借りないと無理だというのが実感でした。体を整えるにはゆるめて、のばすことが大切です（40ページでくわしくご説明します）。ヨガやピラティスで体を「のばす」ことはできますが、「ゆるめる」ことは自分ではできないと思っていたのです。

ところがある時、カナダ人のピラティスのトレーナーから、テニスボールで足裏をほぐす方法を教わりました。するとたった1回試しただけで、気になっていた体のゆがみが取れ、足が軽くなったのです。

「この即効性はすごい！　しかも自分でゆがみがなおせる！」

体オタクの私ですから、その日からは「テニスボールで体のどこがほぐせるか」を独自に研究し続けました。そして自分のスタジオでも取り入れたところ、お客様から大きな反響をもらうようになりました。

テニスボールを使って体をゆるめる方法は、イギリスやアメリカでもピラティスのトレーナーを中心によく知られているようです。

ほとんどのフィットネスは人によって向き、不向きがあります。

そんな中、「人を選ばず全員におすすめできる！」と自信をもって言えるのが、テニスボールダイエットなのです。

# 足裏で転がすと なぜウエストが細くなる？

## もっとも重要なエクササイズは「足裏リリース」

テニスボールを足裏でコロコロする「足裏リリース」（50ページ）は、テニスボールダイエットでもっとも重要なメソッドです。

どうしても時間がない日に1つだけエクササイズを選ぶなら、足裏リリースをおすすめします。続けるうちにウエストにくびれができ、ボディラインが美しくなっていきます。

足の裏でボールをコロコロしていると、ウエストがくびれるなんて不思議ですよね。

足裏には、かかとの骨から5本の指の付け根の骨に向かって「足底《そくてい》筋膜」が扇状に広がっています。足底筋膜は「足の裏のアーチの保持」や「足の裏に受けた衝撃の吸収」という重要な役割を担っています。

足底筋膜が硬くなると、アーチがつぶれ、衝撃をうまく吸収できなくなります。その結果、体のバランスが崩れて骨盤が傾いたり、O脚やX脚になったり、全身がゆがんでしまったりするのです。

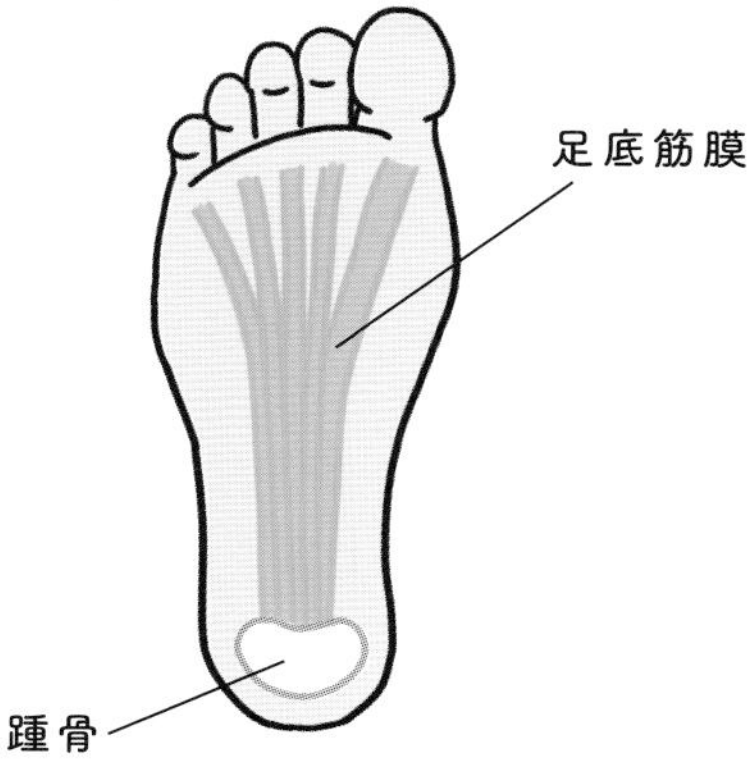


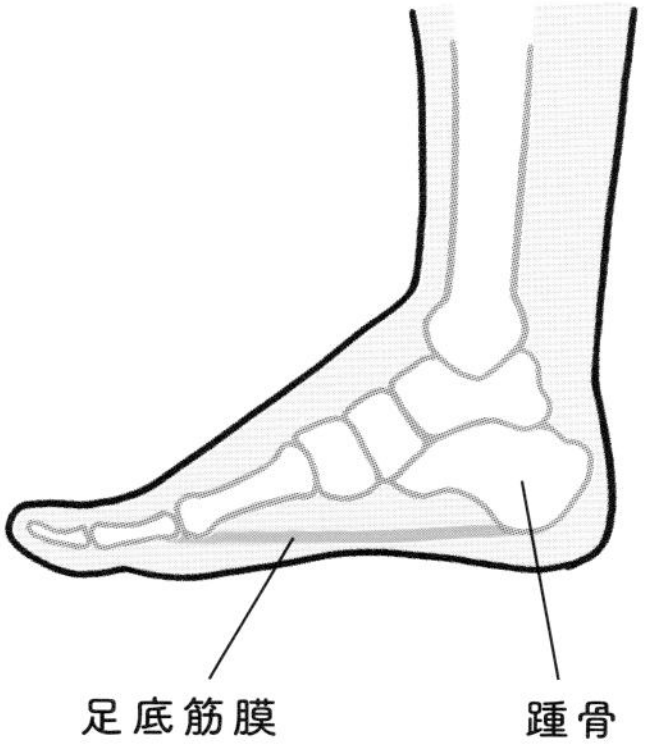


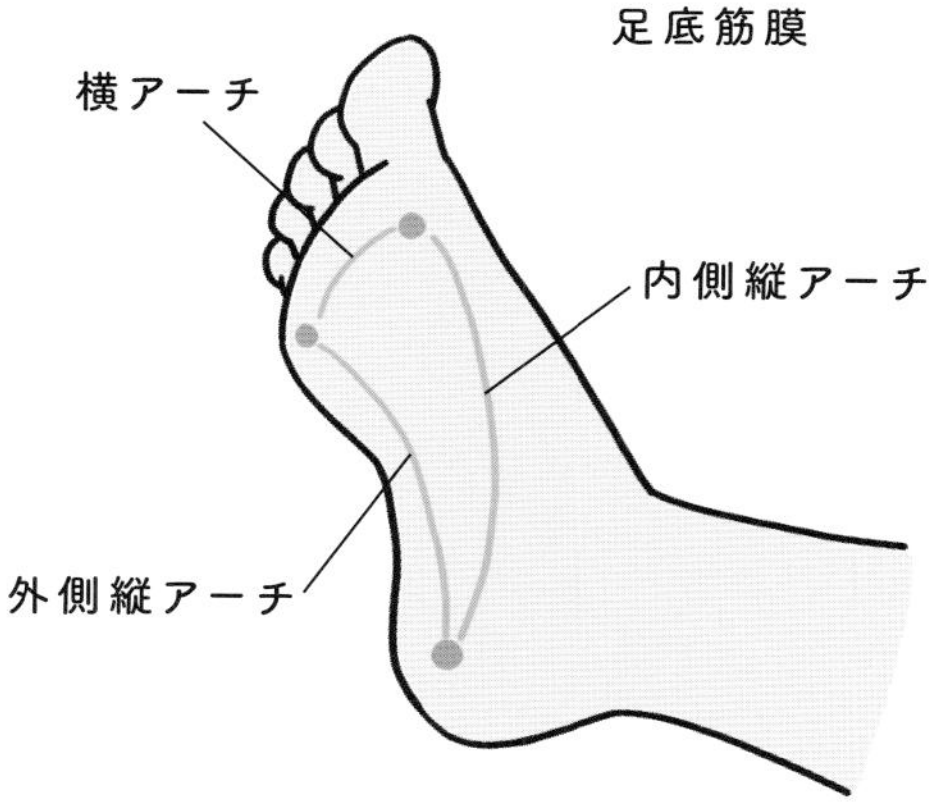

## 足の指はまっすぐのびるのが理想

足裏でテニスボールを転がして筋膜と筋肉をほぐすと、こわばりが解け、足裏にアーチができるようになります。

すると全身の重心の位置が変わります。

立った時や歩く時の姿勢が改善され、骨盤が下半身に正しく乗るようになります。

骨盤前傾（反り腰）や骨盤後傾（猫背）が解消されていくのです（ほとんどの人の骨盤は、前かうしろのどちらかに傾いています）。

骨盤のゆがみがなくなると、全身の骨格も「本来あるべき形」へと戻っていきます。

内臓も本来の位置にリセットされ、全身が整うことになります。

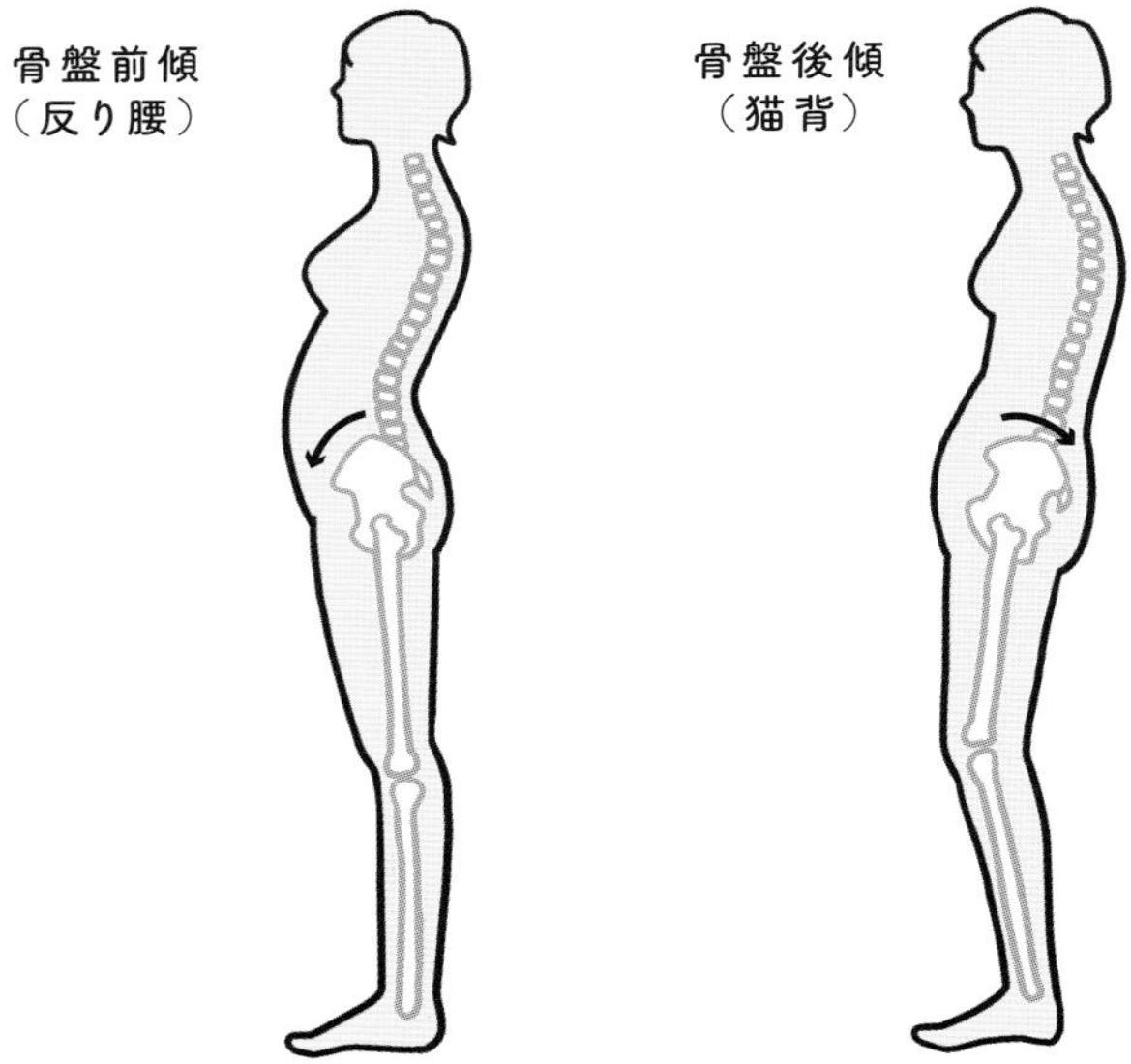

するとウエストにくびれができる、というわけです。

みなさんの足の指は、まっすぐキレイにのびていますか？　指と指の間をじゅうぶん広げることができますか？　そうでない人は足底筋膜がかなり硬くなっているかもしれません。

私たちは靴を履いて歩くことが多いため、足底筋膜が毎日硬くなっています。日課としてテニスボールで足裏・足指をメンテナンスすることが大切です。

# ふくらはぎではさむと なぜウエストが細くなる？

## 第二の心臓に直接働きかける

「足裏リリースでウエストがくびれるのはわかった。じゃあ、それだけやればいいんじゃない？」

そう思われるかもしれませんね。

しかし、より大きな効果を望むなら「足裏」プラス「ふくらはぎ」（52ページ、79ページ）、余裕があれば「すね」（80ページ）までリリースしてみてください。

足裏・ふくらはぎは、ひとつながりの筋膜ラインでおおわれています。

だから足裏に加えてふくらはぎ、そしてすねも含めてのひざ下全体のリリースをすることで、より効率よく骨盤の位置を変えることができるのです。

そして、ふくらはぎは「第二の心臓」と称されるほど大事な部位。血流を押し戻すポンプのような役割を担っています。

テニスボールで直接刺激を与えることで、血流がよくなり、代謝を上げる効果も見込めます。

筋肉は、加齢と共に縮みやすくなる性質があります。縮んだ筋肉のまま筋トレなどほかの運動をしても、体のゆがみを固定してしまう結果になりかねません。

私の経験上、その分岐点は40歳。40代にさしかかったら、リリースによって筋肉の縮みをメンテナンスすることを習慣にしてみてください。

若いから必要ないということでもありません。若い時からリリースしていれば、いつまでもゆがみやコリ知らずの美しく快適な体でいられますから。

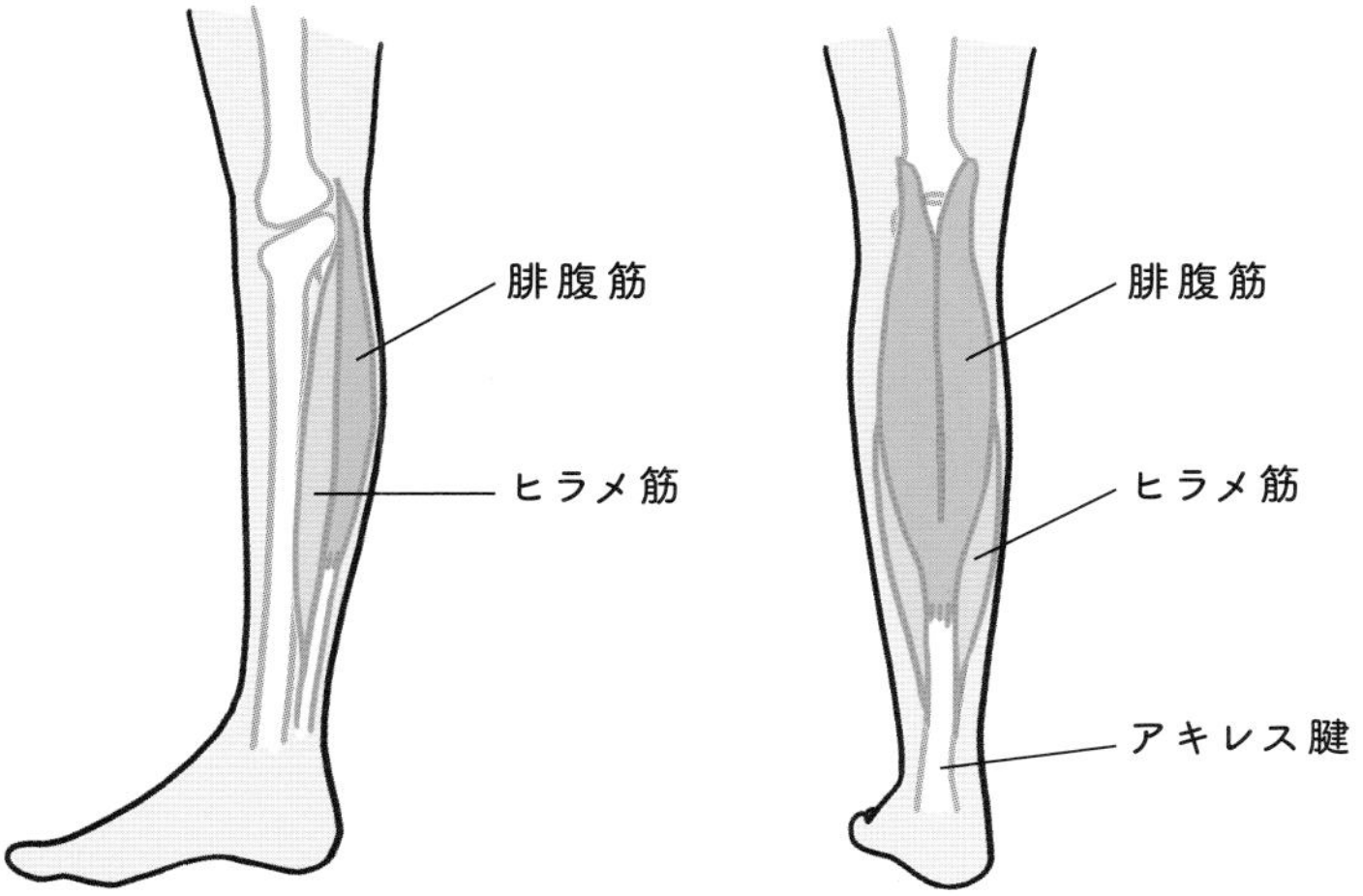

# 「ゆるめて、のばす」が美ラインを生む

## 「理想のやわらかさ」を、筋肉に形状記憶させる

体をゆるめることの大切さは、おわかりいただけたかと思います。

テニスボールによるリリースで、筋膜と筋肉をしっかりゆるめることができます。

そしてさらに「のばす（ストレッチ）」という次のステップを加えることで、美しいボディラインを定着させることができます。


せっかくリリースした筋膜と筋肉には、「このやわらかさこそ、本来の姿なのだ」と記憶させたいものです。服にアイロンをかけて、買った時の姿、本来の姿に戻して定着させるようなイメージです。

その形状記憶をしてくれるのがストレッチなのです。

ストレッチのコツは、くりかえしおこなうこと。

体のゆがみやコリは、毎日の生活で習慣となっている動きの中で生まれています。

その動きを矯正していくには、くりかえし運動がもっとも効果的です。

「このレベルまで体はのびるんだ、気持ちいい！」

このような「快」の記憶を、日々少しずつ積み重ねていきましょう。

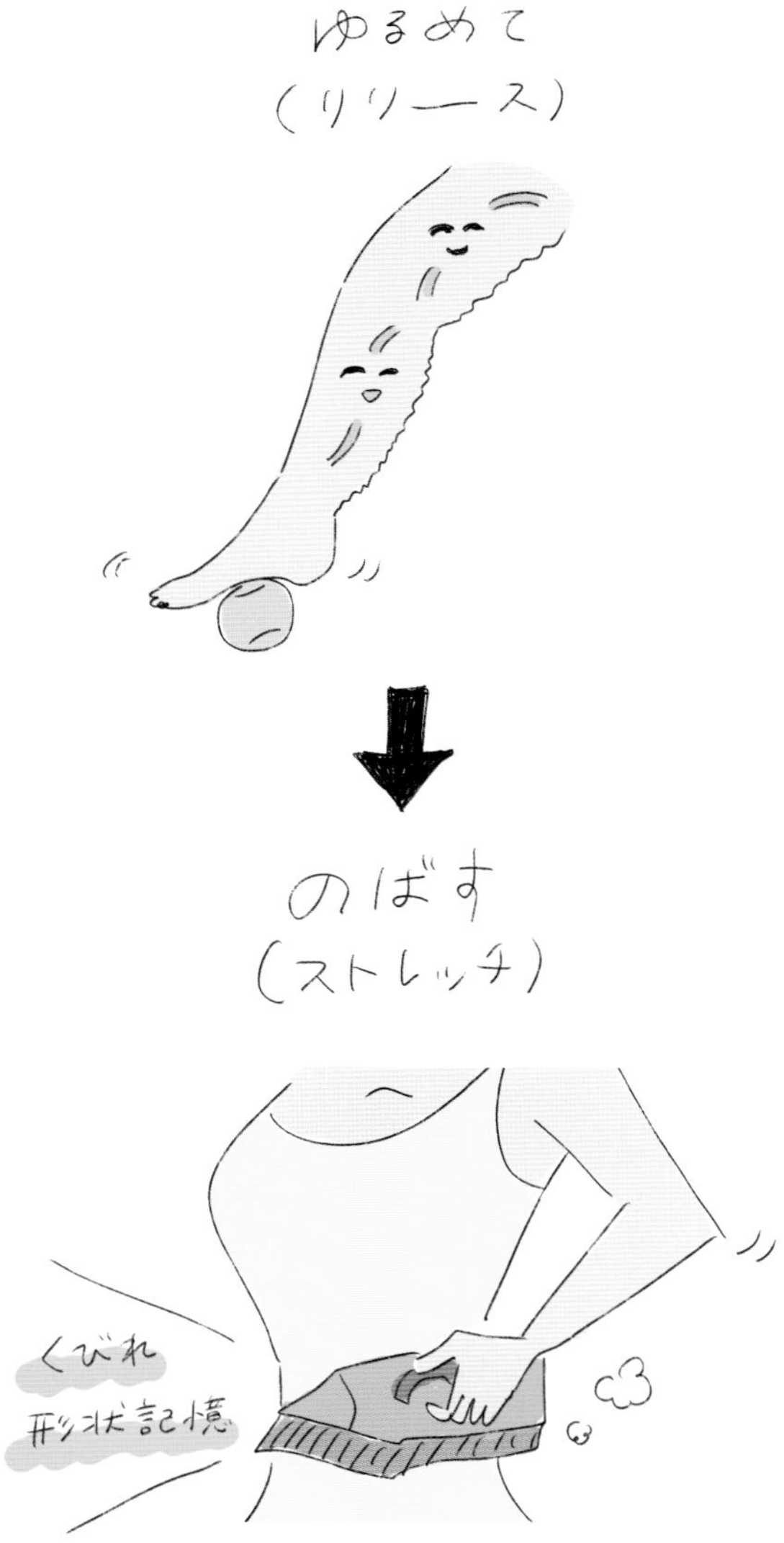

# 大切なのは体重ではなくシルエット

## 骨の向きがシルエットを変える

ダイエットを始めるとなると、「○月までにマイナス○キロ！」という目標を立てがちです。

でも、がんばって3キロも4キロも体重を減らしたのに、周りには変化に気づいてもらえなかった……。そんな経験はありませんか？

たとえ体重が同じであっても、シルエットが変われば、周りも驚くような美しいボディラインが手に入ります。

テニスボールを使うことで骨の向きが変わると、下腹はひっこみ、ウエストにくびれが生まれ、お尻のトップも上がり、胸が開いてバストの位置が上がり、首が長くなって小顔になります。

さらに血流は改善、代謝もアップ。全身のシルエットは見違えるほど美しくなります。

目標にするべきは体重を減らすことよりも、美しいシルエットを手に入れること。目標を具体的に数値化するなら体重ではなく、ウエストや太もも、ふくらはぎのサイズにすることがおすすめです。

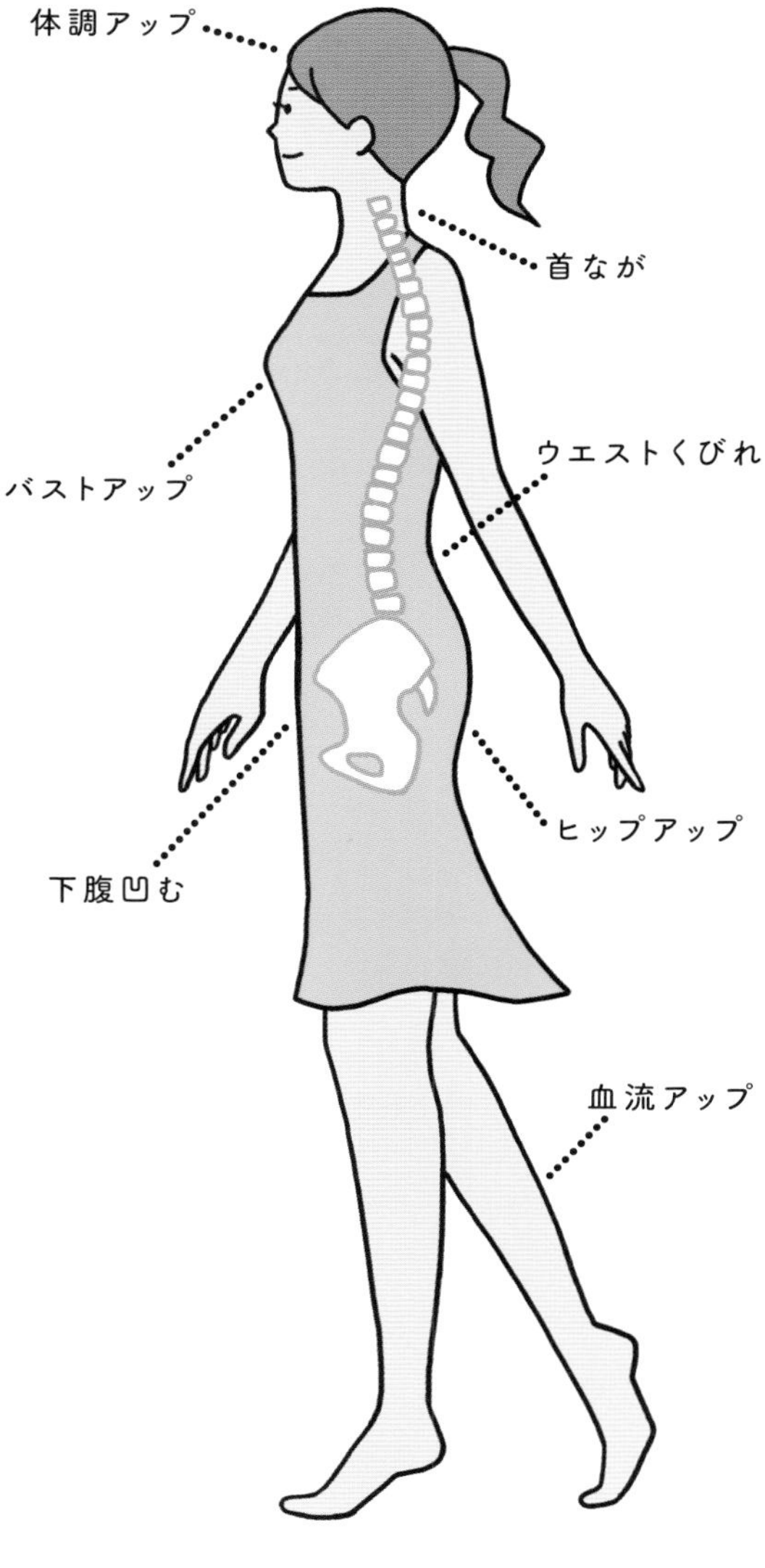


目標はシルエット美人!

# ダイエットQ&A

## Q.1
### 朝と晩、どちらにおこなうほうが理想的？

**A** それぞれにメリットがあります。朝おこなうと、体をすっきり目覚めさせることができ、日中の体の可動域を広げることができます。夜の場合、その日1日でたまった筋膜のコリをほぐせて快眠につながります。もちろん、朝と晩の2回おこなってもOK。

## Q.2
### 食後すぐおこなっても大丈夫？

**A** お腹を直接刺激するエクササイズはないので大丈夫ですが、食後1時間ほどあけると理想的です。

## Q.3
### 長い時間おこなっても大丈夫？

**A** 私は1時間ぐらい体をコロコロしていることも！　長く続けてもOKです。ただし、まったく同じポイントに30秒以上圧をかけないよう注意してください。

## Q.4
### 忙しくて時間がとれない時は、どうすればいい？

**A** どれか1つ選ぶなら、「足裏リリース」(50ページ) です。もう少し余裕があれば、24ページのチャート診断でわかる、あなたに合ったエクササイズをやってみてください。さらに余裕があれば「基本編」をすべておこなうのがおすすめです。

## Q.5
### 体が硬いのですが、コツはありますか？

**A** 体がほぐれやすくなっている入浴後におこなうのがおすすめです。長座（床にまっすぐ足をのばして座る）ができない方は、椅子に座っておこなってもOK。

CHAPTER

2

たったこれだけでシルエット激変

# 基本編

# 基本編
## 3つのポイント

**いよいよ実際にエクササイズをおこなっていきましょう。難しいことは何もありません。ゆるめる効果（リリース）とのばす効果（ストレッチ）で、ウエストシェイプ・小顔・ヒップアップがかないます。**

### 1 心地よい強さでおこなう

目安は「イタ気持ちいい」レベル。慣れないうちは痛いと感じることがありますが、痛みをガマンするのは逆効果。筋肉がこわばって硬くなってしまいます。体重をかけすぎないようにしたり、おこなう時間を短くしたりして、「イタ気持ちいい」をキープすることが大切です。

### 2 息をとめない

深呼吸をゆっくりとくり返しながらおこなうことが理想。息をとめると、せっかくの運動効果が損なわれかねません。また、血圧が急上昇するリスクも。呼吸を意識しておこなってみてください。

### 3 左右まんべんなく

体の硬い側、痛みの強い側を集中的におこなう必要はありません。長く続けるうちに左右差は解消していくもの。どうしても気になる場合は「やりにくい側→やりやすい側→やりにくい側」の順にアプローチするのがおすすめです。

# 基本編

# INDEX

## ウエストシェイプに効く！

## 小顔に効く！



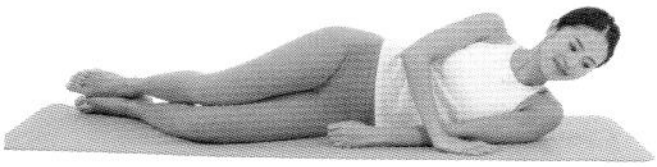

## ヒップアップに効く！



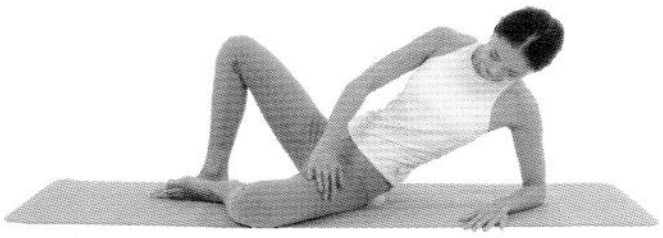

1

# 足裏リリース

足裏の筋膜をゆるめることで、アーチが出現。骨盤が整い、ウエストやせに近づきます。

POINT

指先からかかとまで、なるべくまっすぐボールを転がす

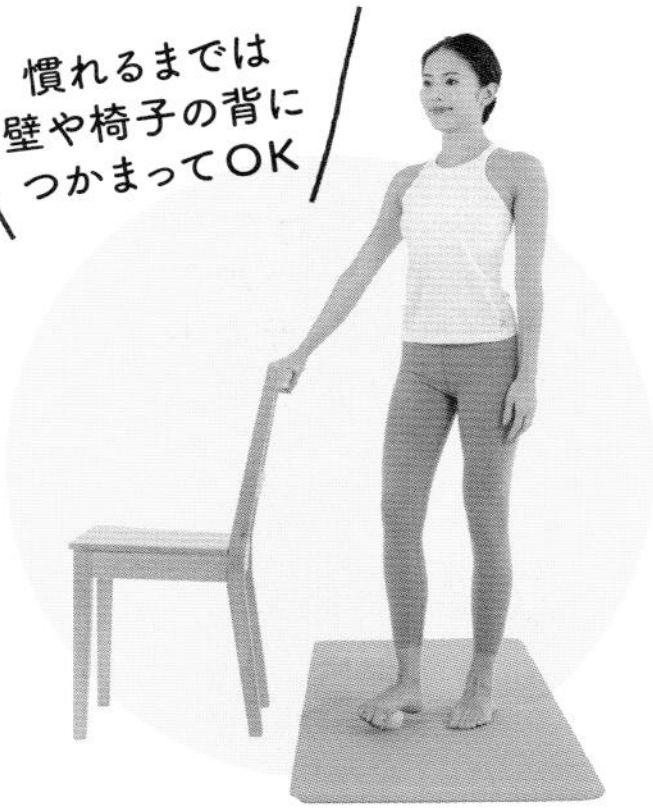

## STEP 1

足をそろえて立つ。手を体のうしろで組む。テニスボールを踏み、かかとを床につける。ボールを踏んだ足の指でグー、パーとくりかえす。

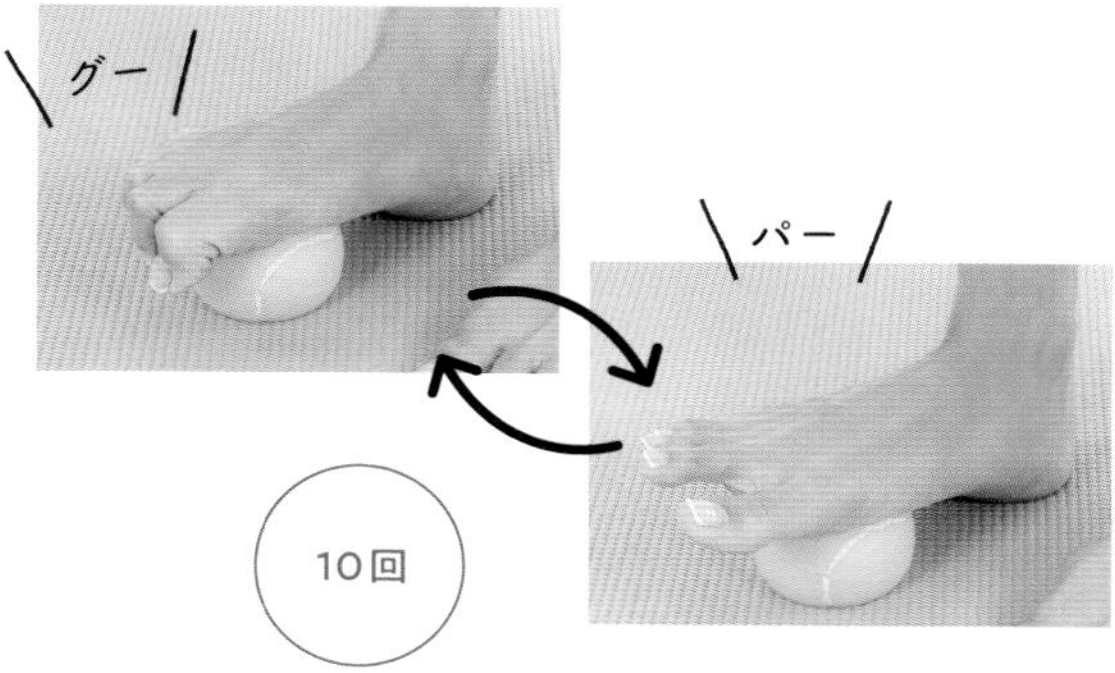


## STEP 2

反対の脚を1足ぶんうしろに引く。親指の先からかかとまで、指の骨に沿うようにボールを転がす。ボールがかかとに来た時は足の甲と足首をのばすイメージ。人さし指、中指、薬指、小指も同様に。

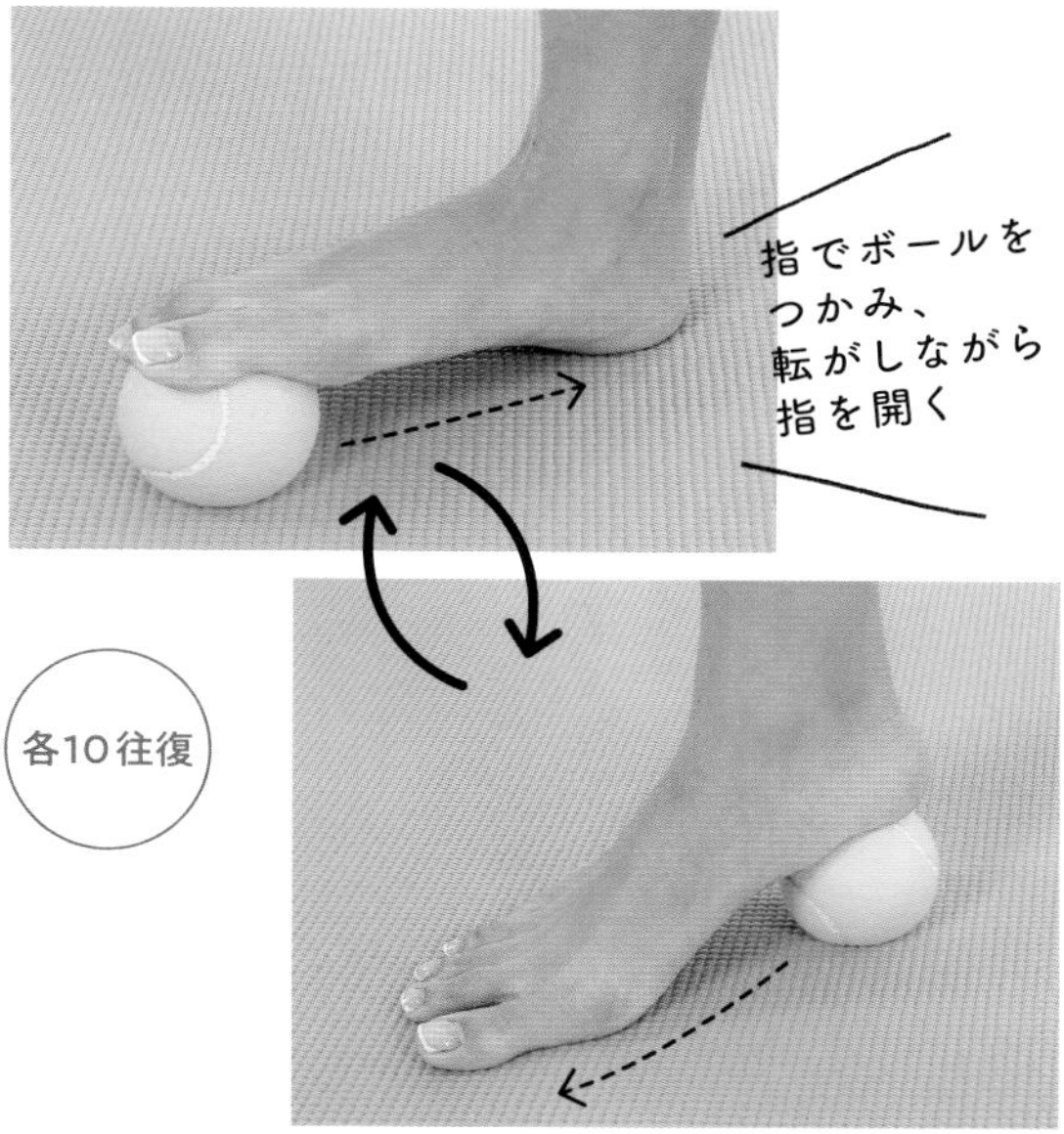


## STEP 3

足首をふってほぐす。反対の脚も同様に。

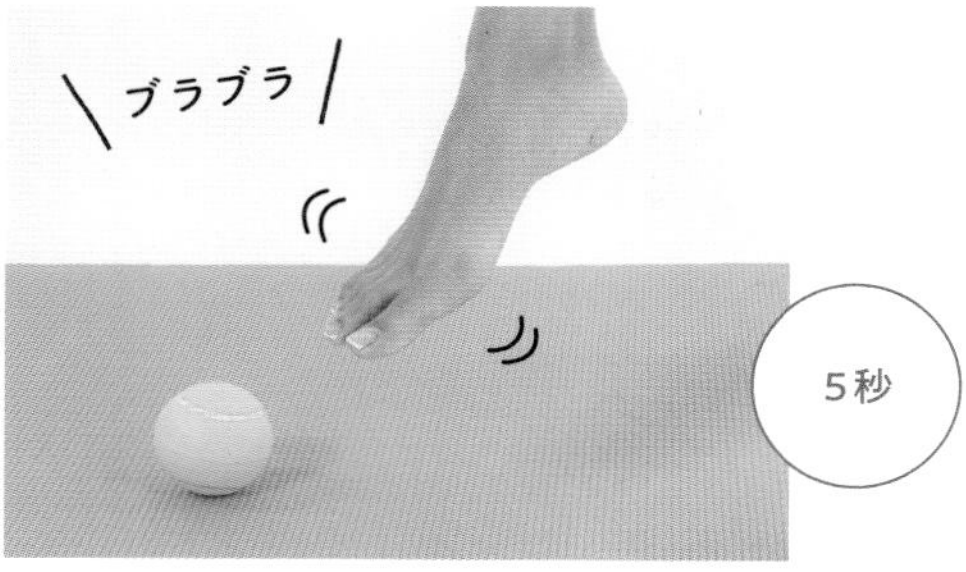

# 2 ふくらはぎリリース

「第二の心臓」ふくらはぎに働きかけることで、めぐりのよい体に導きます。

POINT

最初はかなり痛いはず。しっかり正座できなくてもできるところまででOK

超人レベルの神ワザ

姿勢は"垂直"を意識。お尻の下にあるボコッと出ている骨（坐骨）の上に骨盤が垂直に乗っている状態

手はラクな位置、もしくは体重を加減するために床についてもいい

NG

アキレス腱の上でおこなうと危険なので避ける

正座している足先はまっすぐうしろへ

STEP 1

## STEP 1

ひざ立ちの状態でテニスボールをひざの裏に置き、そのまま正座する。

ボールをはさんで座る

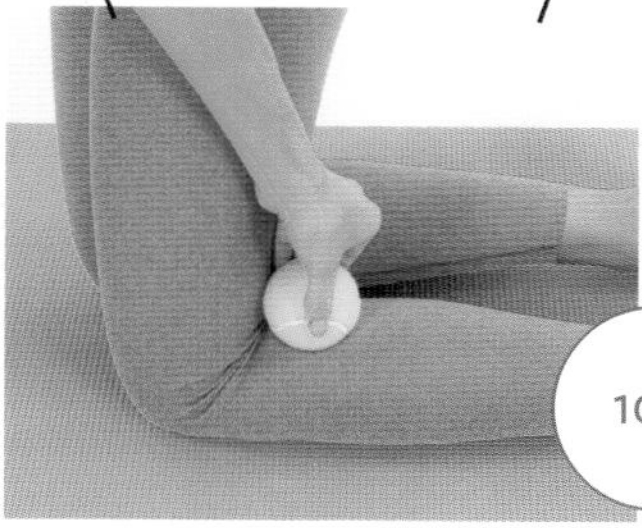

10秒

はさむ時は片手をつくと安心

ボールを置くのは3〜4ヵ所

足首側にボールの位置をずらす

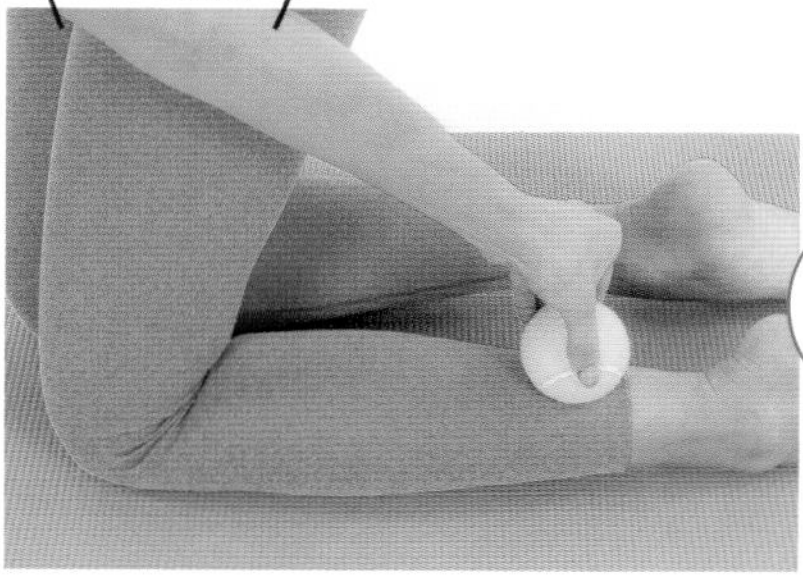

各10秒

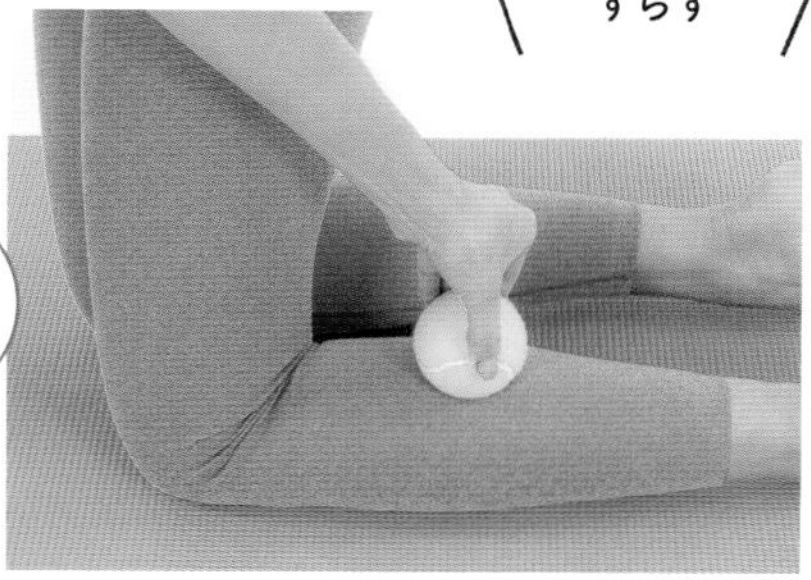

## STEP 3

さらにボール1個ぶん、足首側に位置をずらし、正座する。アキレス腱の手前までくりかえす。反対の脚も同様に。

## STEP 2

足首側にボール1個ぶん位置をずらし、正座する。

# 3 くびれストレッチ

ウエストをのばすことで、骨盤の位置が整い、ウエストやせ効果が得られます。

**POINT**

背骨が倒れるのにつられてひじが引っ張られ、おへそが縦にのびるイメージ

**NG**

息をとめてはダメ

STEP 2

## STEP 1

脚を肩幅に開き、骨盤を起こして立つ。かかと側で床を踏む。つま先は外側に向ける。

かかとの上にお尻を乗っけるイメージ

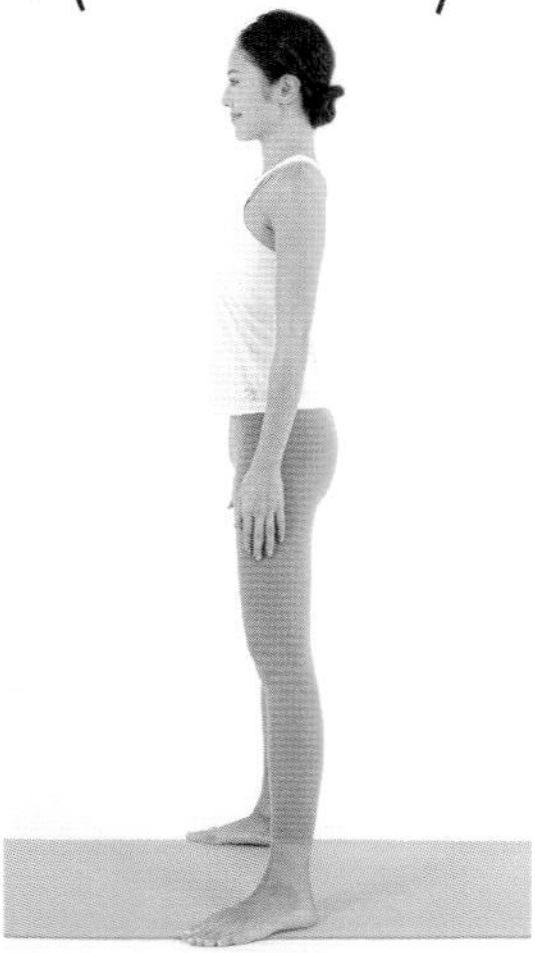

## STEP 2

頭のうしろで、右腕のひじを左手で持つ。両ひじを上に引き上げたら、息を吐きながら首を左側に倒し、次に上半身を左側に倒す（右ページの状態）。肋骨から倒れるイメージ。

体を倒して３呼吸

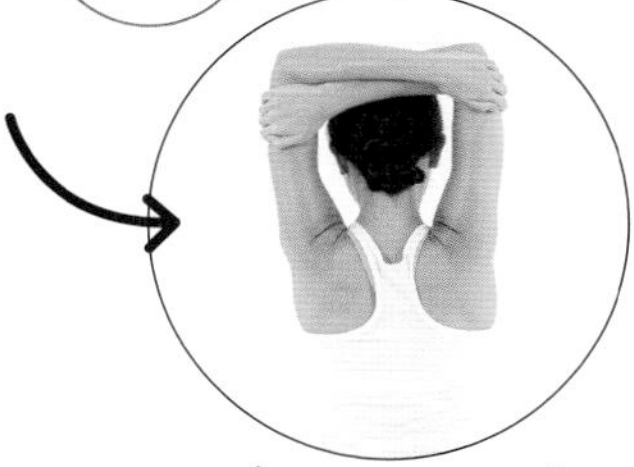

頭のうしろでひじを持つ

## STEP 3

息を吸いながら体を戻す。反対のひじに持ちかえて同様に。

まず首を倒すのがコツ

左右３回ずつ

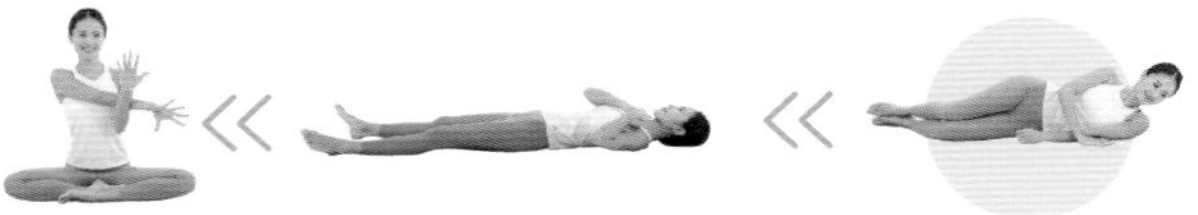

# ① 肩うらリリース

肩まわりの筋肉の緊張をゆるめることで、あるべきやわらかさを取り戻します。

## STEP 1

「肩と肩甲骨がつながる部分」の少し下、「押すと痛い部分」を確認する。

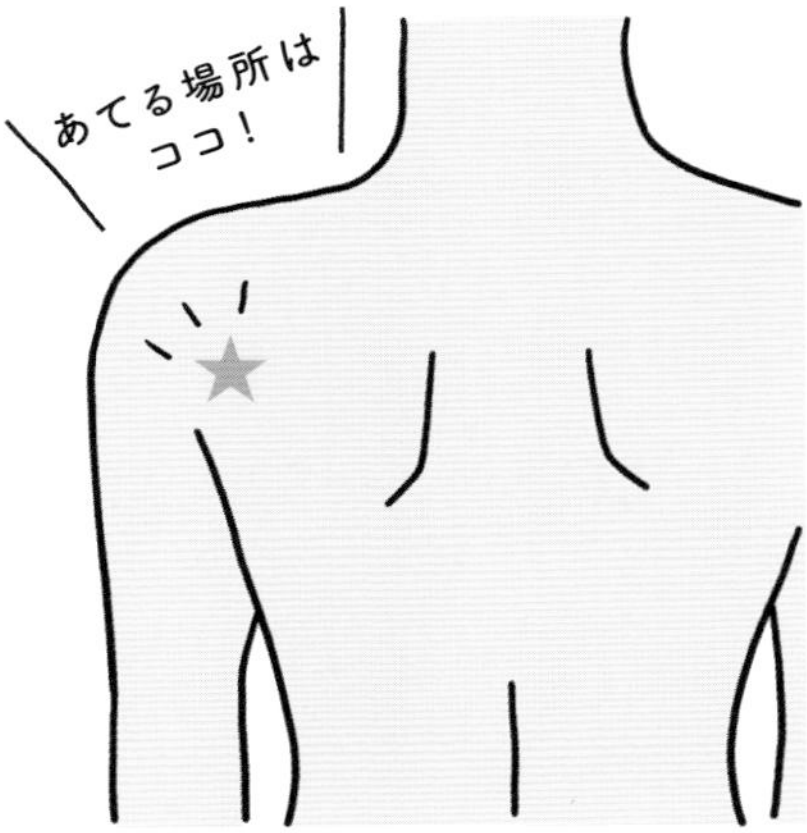


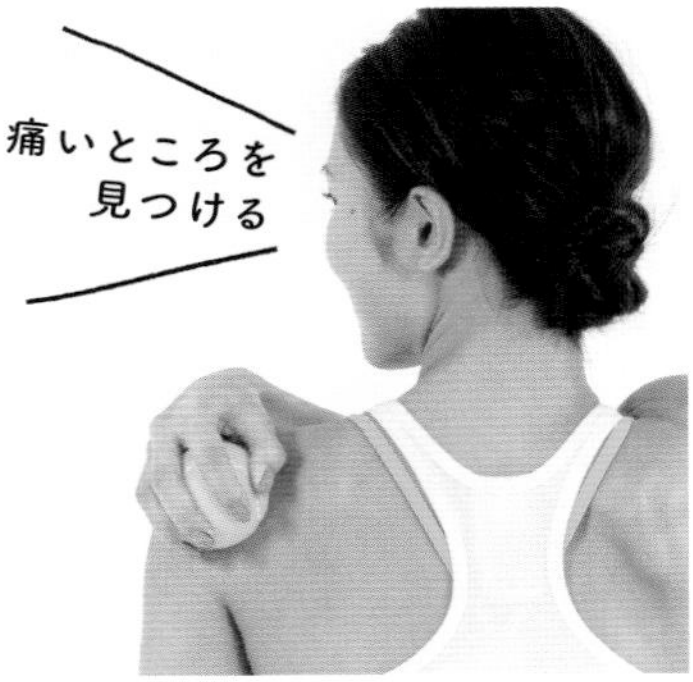


## STEP 2

## STEP 2

仰向けになり、1の痛い部分にボールをあてる。ボールに乗るようにゆっくりと体をかたむけ、ボールに体重をかける（メイン写真の状態）。そのままキープ。

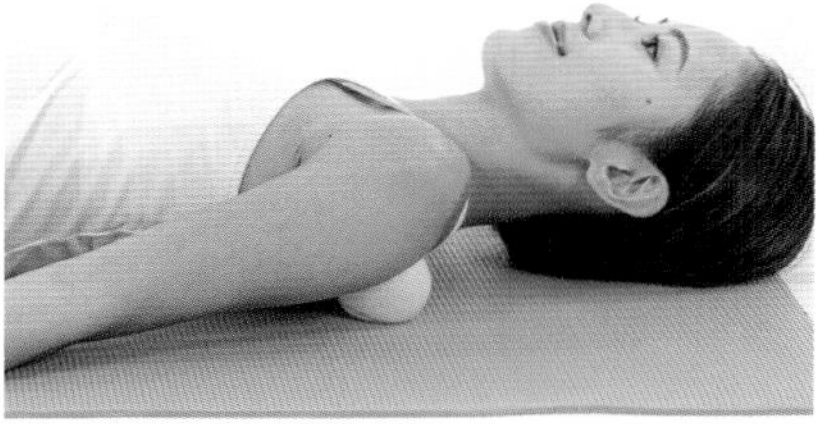

## STEP 3

腕のほうや肩のほう、イタ気持ちいいところにボールがあたるように体を動かす。反対の肩も同様に。

10秒

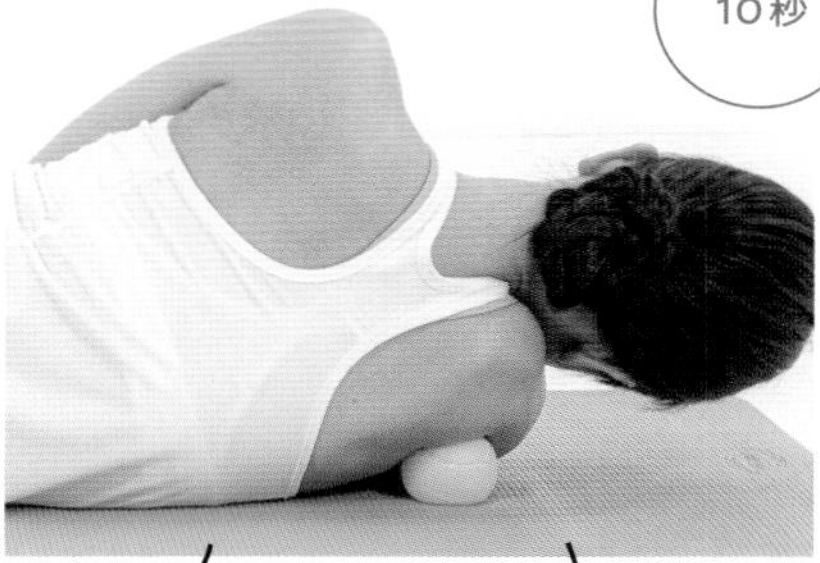

ゆっくりと
円をえがくように

**POINT**

肩うらのイタ気持ちいいところを
ほぐすと、自然と肩が下がる

**NG**

息をとめないように。
肩に力が入ってしまう

10秒

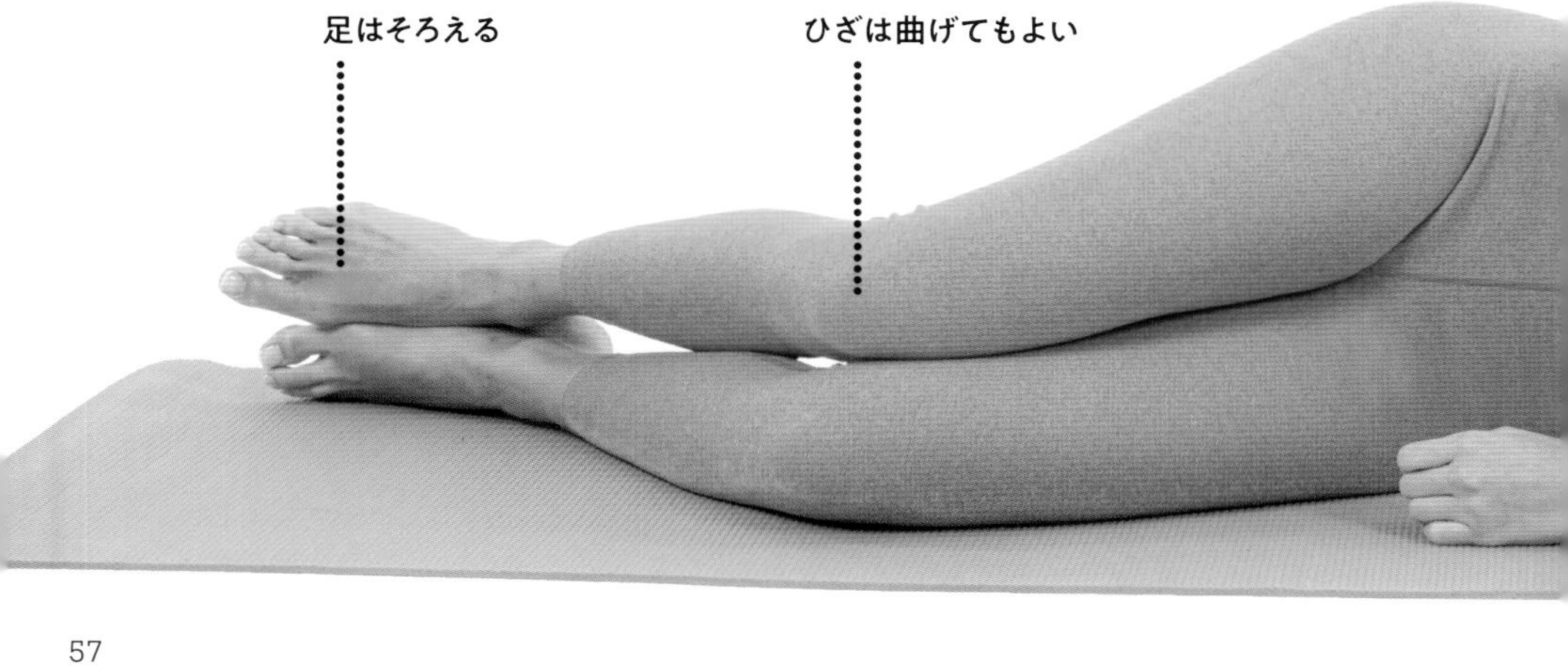

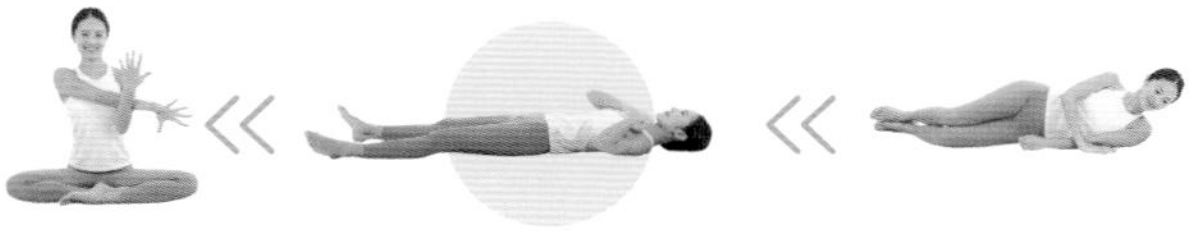

# ② 胸こりリリース

パソコン、スマホ……。日常の中で〝内向き〟になりがちな胸の筋肉をほぐします。

## STEP 1

仰向けになり、ボールを「鎖骨と肩がつながる部分」の少し下にあて、ボールの上に両手を重ねてグリグリと動かす。

10秒

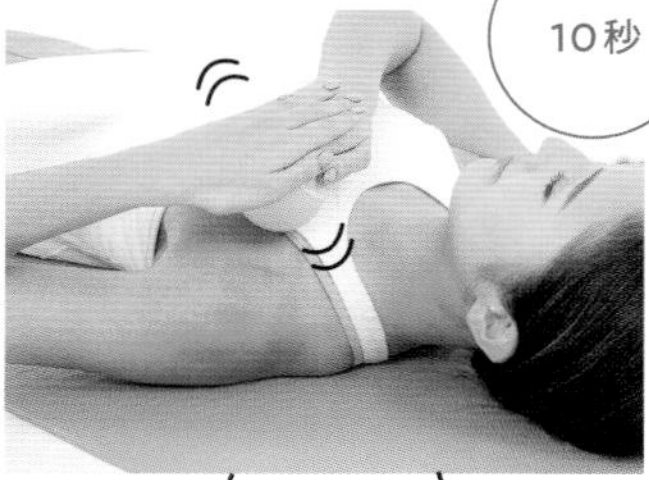

グリグリ

## STEP 2

鎖骨の下のラインに沿って、ボールを内から外に、腕の付け根に向かって転がす。

10回

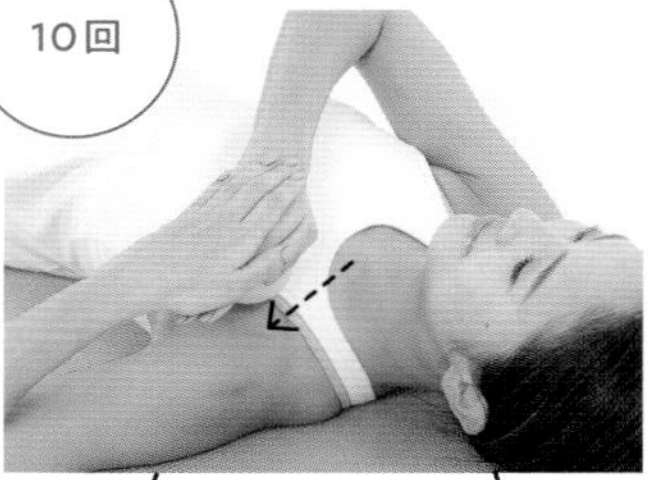

息を吐きながら

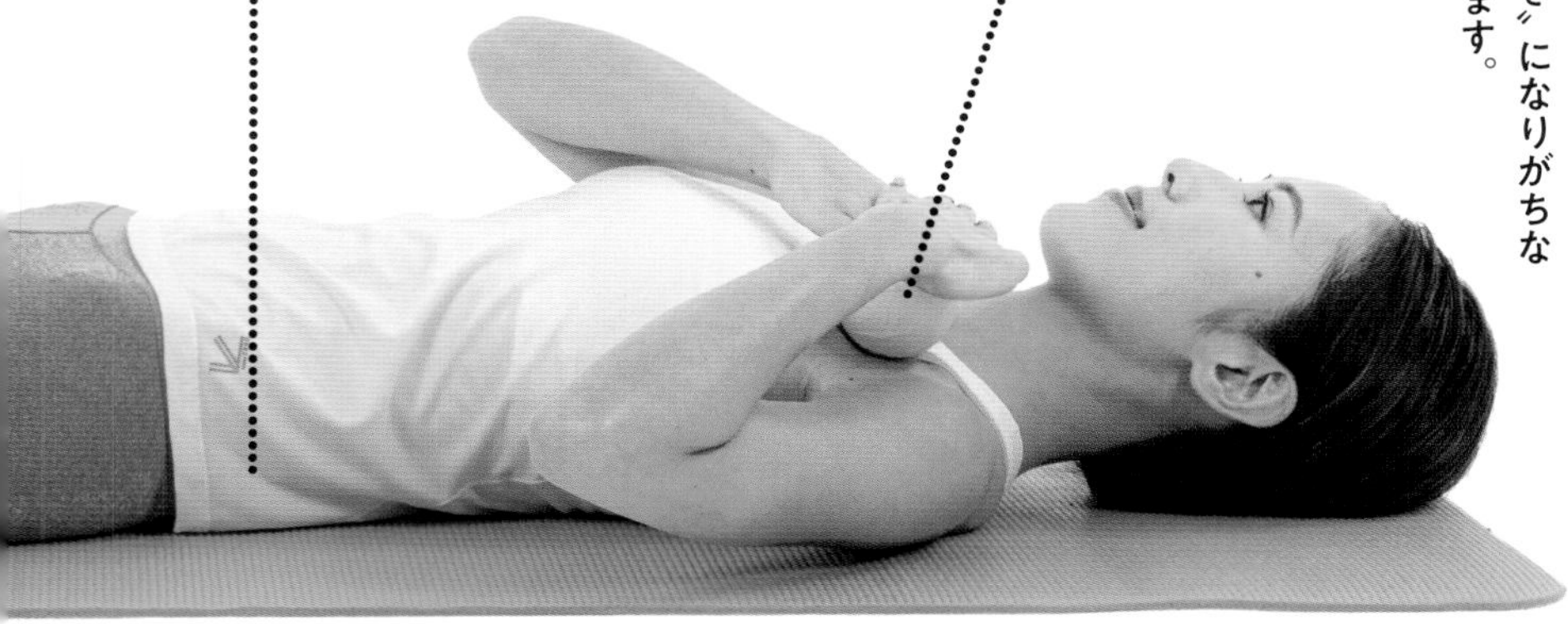

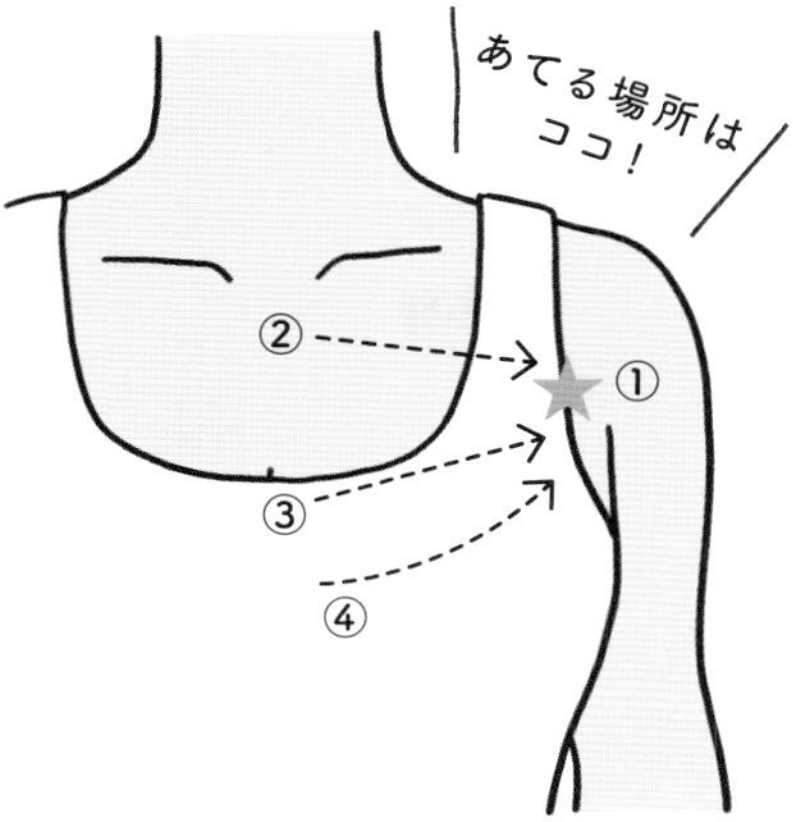


## STEP 3

ボール1個ぶん下にずらし、腕の付け根に向かって転がす。さらに1個ぶん下にずらしておこなう。反対の胸も同様に。

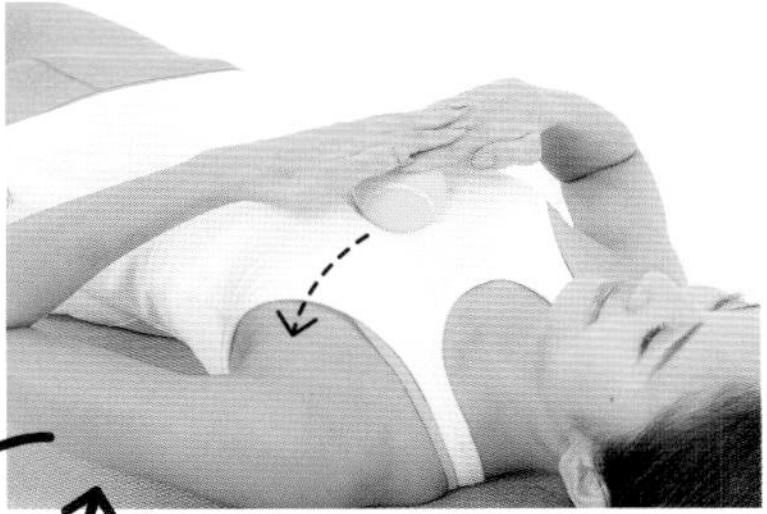

下に
ずらして

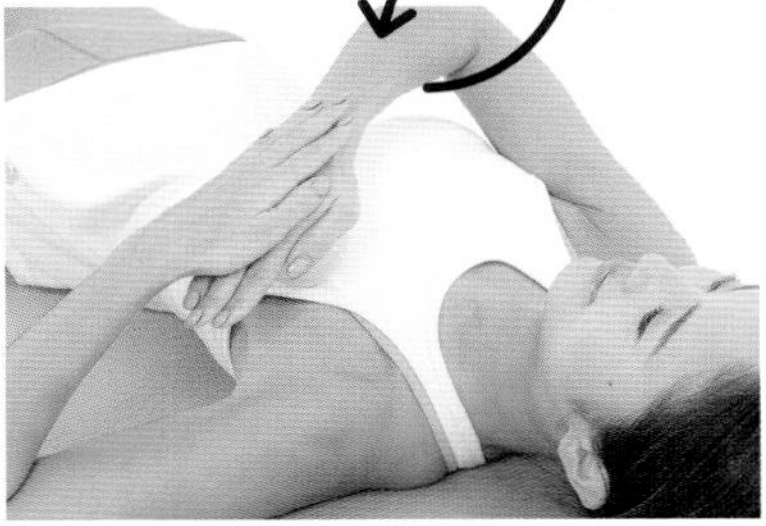

各5回

**POINT**

胸を中心から開き、
バストアップさせる
イメージ

華奢なデコルテに

STEP
2

# 3 首ながストレッチ

すらっと長い
美人首

POINT
「ひじから先を
遠くにのばすこと」
を意識する

肩と腕をのばすことで
肩甲骨がぐっと下がり、
首なが効果&小顔効果を得られます。

立っておこなっても、
座っておこなってもOK

**NG**
呼吸をとめてはダメ

## STEP 1

床または椅子に座り、腕をまっすぐ正面にのばす。

腕を正面にのばす

## STEP 2

のばした腕のひじの下をもう片方の手首で抱えて、上半身に引き寄せる。

ひじを上半身に引き寄せる

## STEP 3

のばした腕を外側にねじって手のひらを上に向けてキープ。次に腕を内側にねじって手のひらを前に向けてキープ。反対の腕も同様に。

手のひらを上に向ける

各5秒×3セット

腕を内側にねじって手のひらを前に

**NG**
肩が上がる

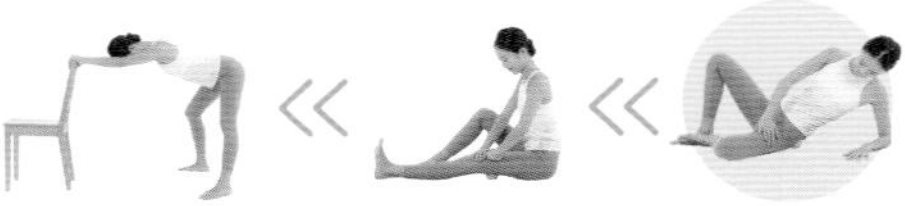

# ① お尻リリース

お尻の筋肉のコリをほぐすと、小尻効果、ヒップアップ効果がのぞめます。

## STEP 1

床に体育座りして、ボールを片方のお尻の下に置く。ボールを置いた側の脚はひざを外側にパタンと倒す。ボールがないほうのお尻は浮いていてOK。

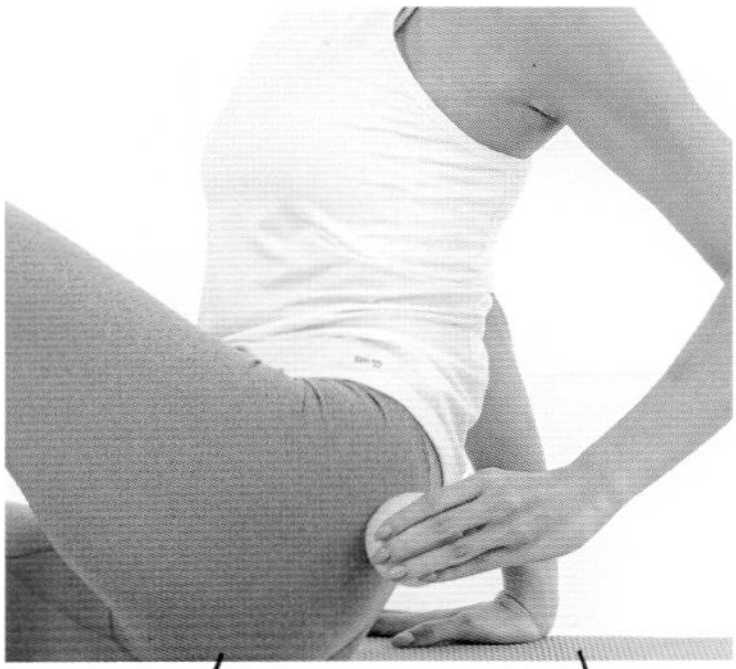

ボールをあてる位置はココ

美尻への近道

## STEP 2

ボールをあてている側の腕は床につく

さらに
レベルアップ！

重心を落とす（姿勢をより低くする）と、体重が一層かかるようになるため痛く感じる。脚が軽くなるばかりか、腰痛もラクになる。

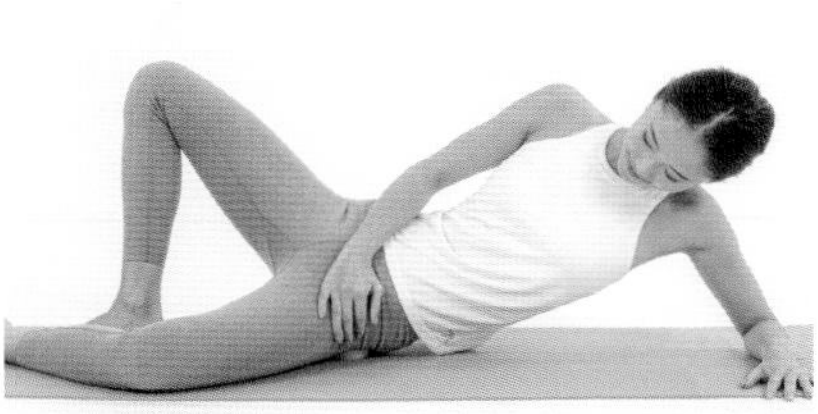

## STEP 2

痛いところを探しながらボールをお尻の下でまんべんなく転がす。お尻の左右で硬さ、痛みが異なるのは自然なこと。反対のお尻も同様に。

1分

「かたまっている」
と感じるところは
念入りに

POINT

お尻の筋肉全体を
ほぐす

NG

仙骨や坐骨に
あてないように、
骨の上は避ける

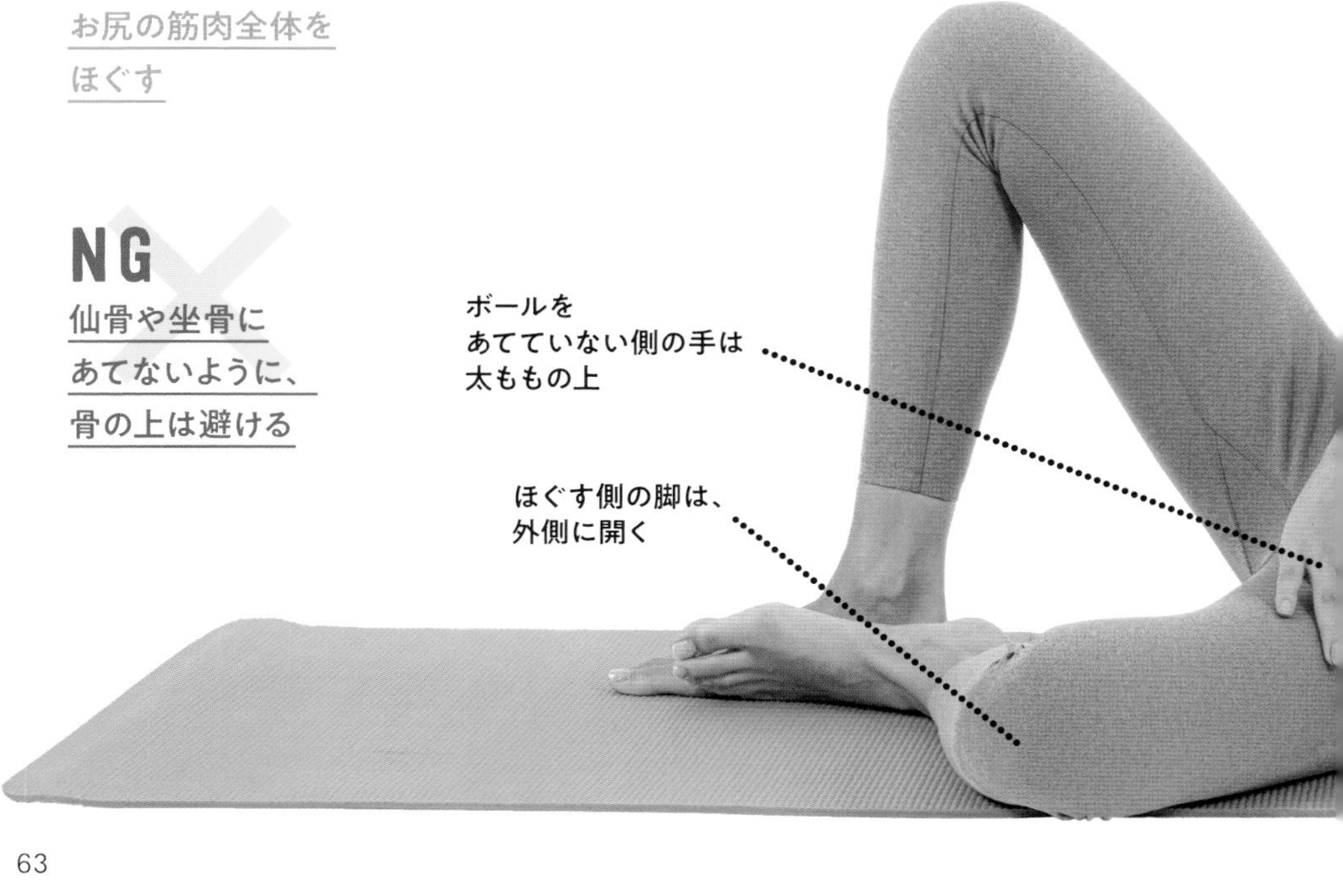

ヒップアップに効く!

## 2 太ももリリース

硬くなって、お尻を下に引っ張っている
太もも裏の筋肉に、
直接アプローチします。

POINT

股関節から動かすことを意識。
左脚をおこなう時は左手の上に
右手を重ねるとやりやすい

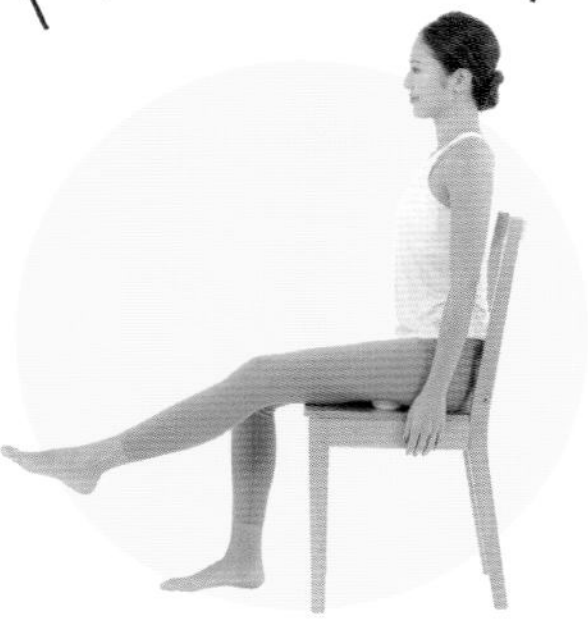

椅子に座ってもOK。
脚をけりあげるイメージで、
大きくブラブラさせる

反対の脚はのばしていても、
ひざを立ててもどちらでもOK

両腕で脚を押さえる

背すじはのばしたまま

## STEP 1

脚をのばして座り、お尻の下にあるボコッと出ている骨（坐骨）にあてないように、骨の少しだけ前の太もも裏にボールを置く。

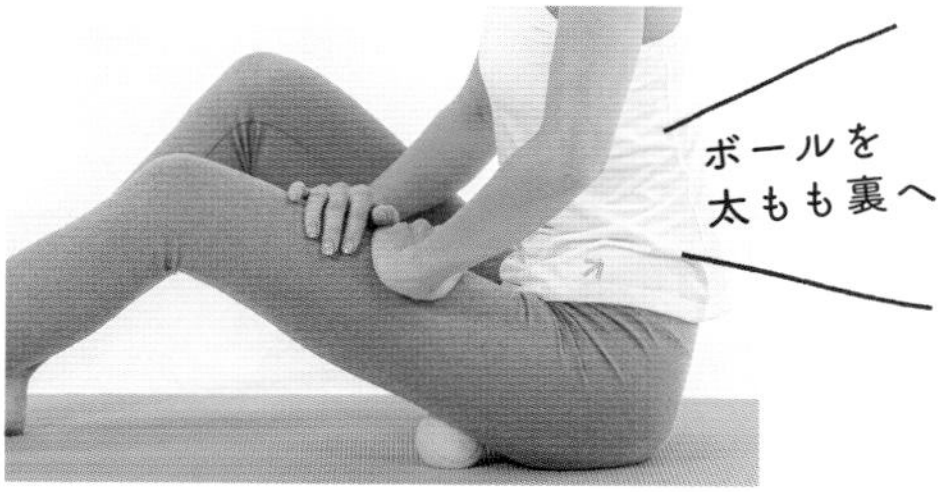


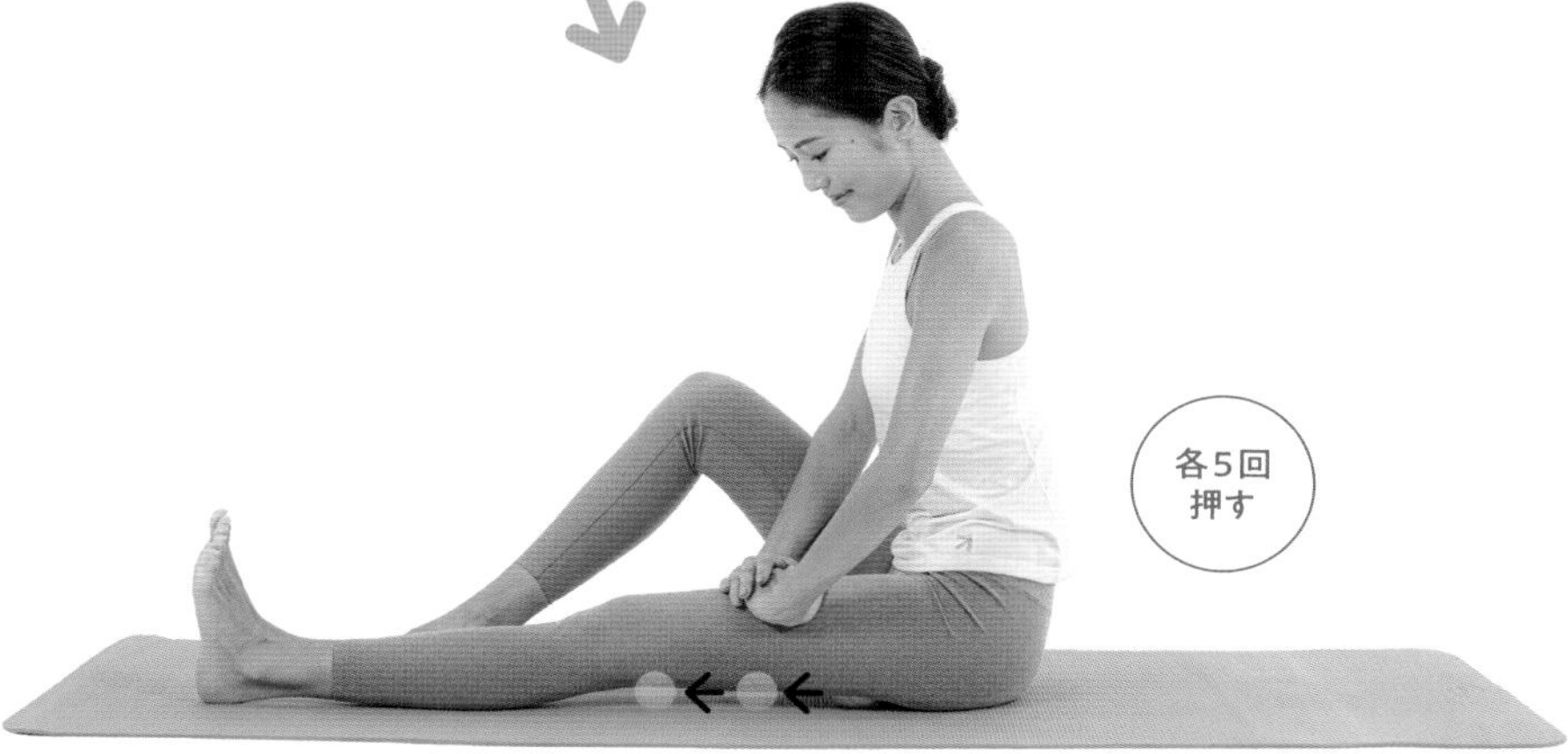


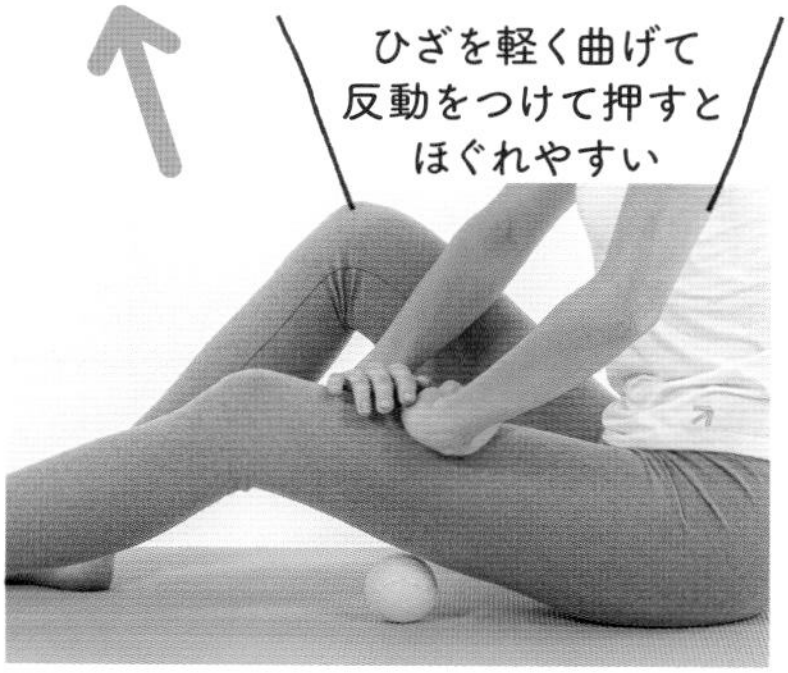


## STEP 2

太ももをテンポよく上から押しながら、股関節からひざをのばす。指圧のイメージ。

## STEP 3

ボール1個ぶん、ひざ方向にずらし、太ももをテンポよく上から押す。さらにボール1個ぶんずらし、これをひざ裏の手前までくりかえす。反対の脚も同様に。

3

# 美尻ストレッチ

太もも裏をのばすことで、脚長効果&ヒップアップ効果が得られます。

右ひざ、左ひざ交互に

STEP 3

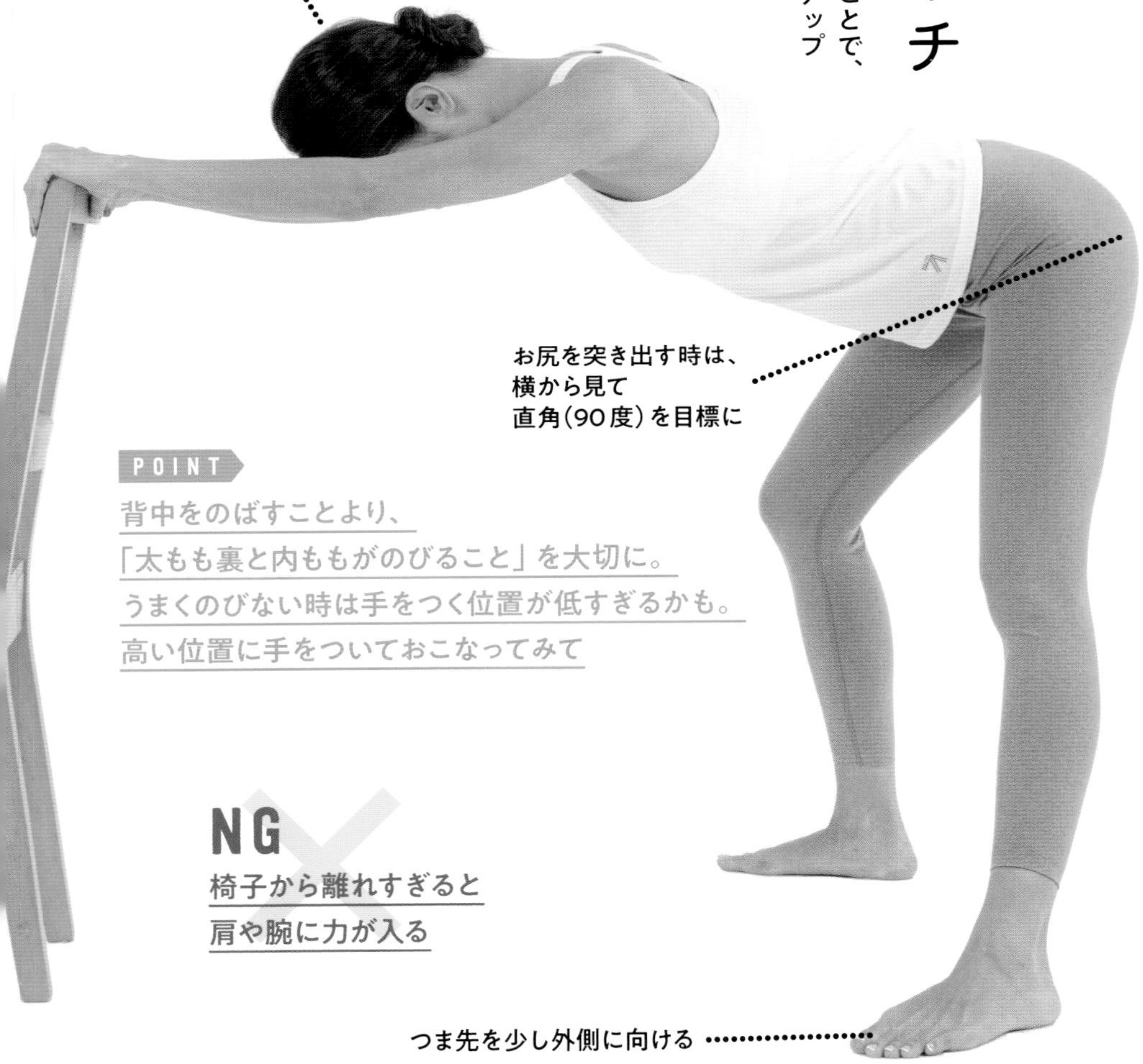

顔を正面に向けると
首がこるので、
必ず下を向く

お尻を突き出す時は、
横から見て
直角（90度）を目標に

POINT

背中をのばすことより、
「太もも裏と内ももがのびること」を大切に。
うまくのびない時は手をつく位置が低すぎるかも。
高い位置に手をついておこなってみて

NG

椅子から離れすぎると
肩や腕に力が入る

つま先を少し外側に向ける

## STEP 1

椅子の背から1m離れて、脚を大きく開いて立つ。

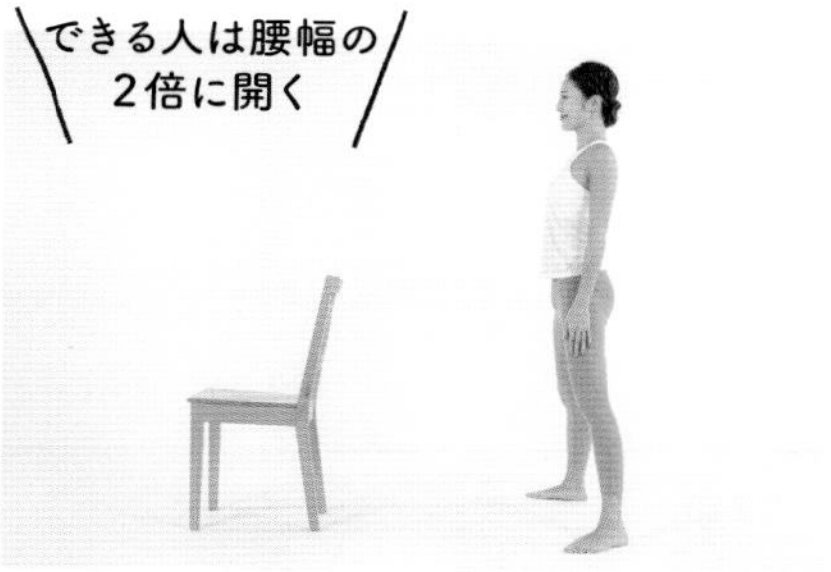


## STEP 2

股関節の位置から上体をおり、椅子の背に手をついて、上体が床と平行になるようにお尻をうしろに突き出してキープ。腰を反らさない。

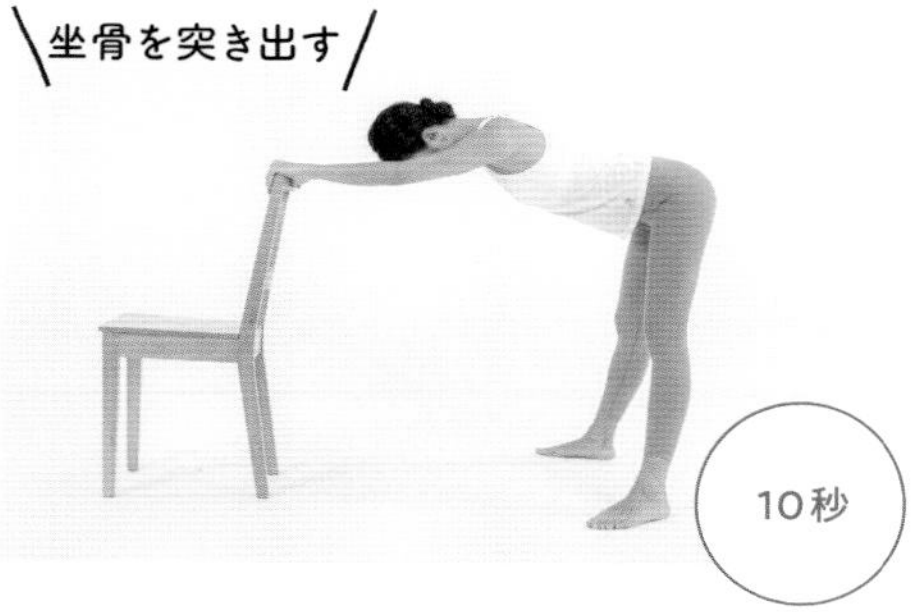


## STEP 3

ひざを交互に曲げる。お尻は動かさず、内ももをしっかりとのばす。

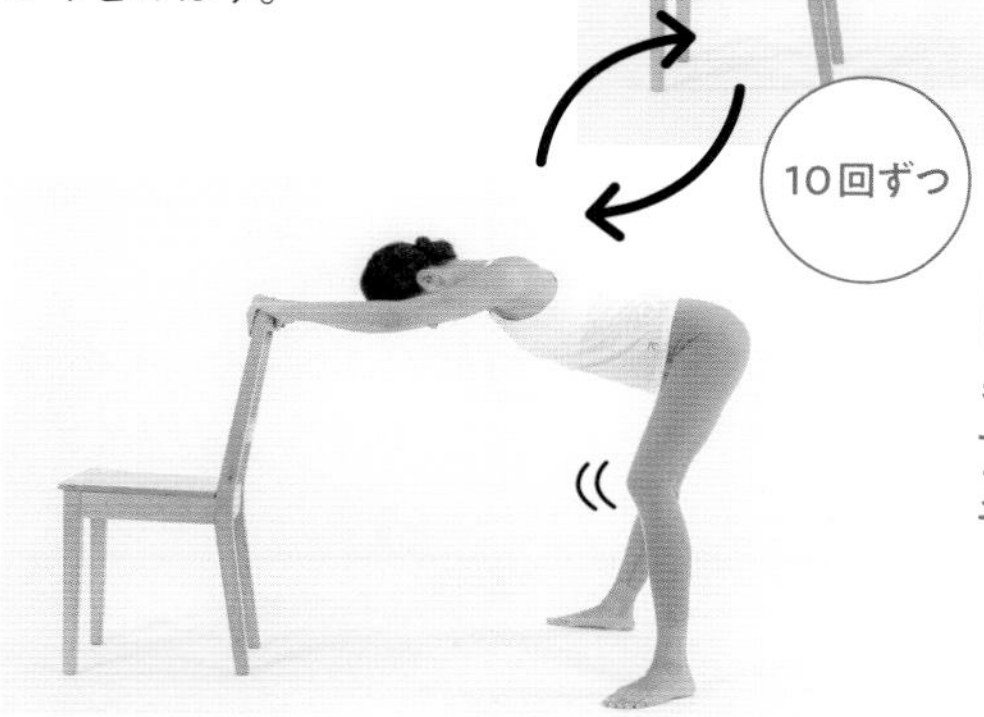


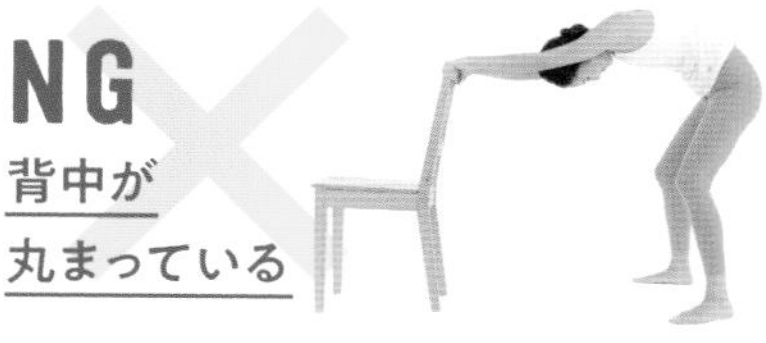


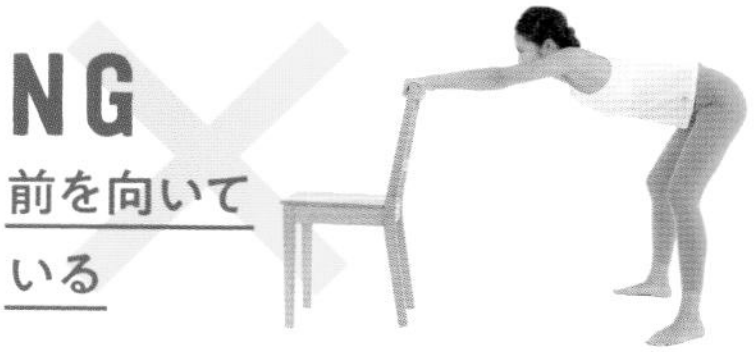

COLUMN

# 足裏リリースで作る、冷え知らずの“美人足”

足裏リリース（50ページ）を習慣にすると、ウエストが細くなるだけではありません。冷え症が改善・解消し、年齢不詳の「美人足」が手に入ります。

何を隠そう私自身がその証明です。

自宅では、冬場でも基本的に素足です。「ちょっと冷えてるかな」と感じたら、靴下を履くより先にテニスボールで足裏リリースを数分おこなえば、すぐぽかぽかと温まってきます。そして見た目はというと、足の甲に年齢相応のしわがなく、陶器のようにスベスベしています。

私のスタジオのスタッフは30代前半の女性が多いのですが、撮影に来たカメラマンの方に「足の甲はKAORUさんがいちばん若い！　20代の足みたい」と言っていただけます（笑）。

私は長年エアロビクスのインストラクターをしていたので、毎日飛んだり跳ねたり床を強く踏みつけるせいで、かつては足裏に大きなたこがありました。けれど足裏リリースを習慣にしてからというもの、たこは跡形もなく消え、足はどんどん若返りました。

冷えにもアンチエイジングにも、ダイエットにもよいこのエクササイズを、ぜひ習慣になさってください。

CHAPTER

3

「リリース+ストレッチ」で
悩みに応える

# レベルアップ編

# レベルアップ編
# 4つのポイント

「基本のエクササイズはマスターできた!」

「悩みのパーツにプラスαでアプローチしたい」

そんな方のために、この章では部位別・お悩み別のエクササイズをご紹介します。

## 1
### 順番は「リリース」→「ストレッチ」

筋肉をゆるめて、それからのばす、この順番を守ることで体は理想のスタイルへと変わっていきます（くわしい説明は40ページ）。ゆるめて、のばす。これだけは覚えておいてくださいね。

## 2
### どれか1つだけでもいい

すべてのエクササイズをこなす必要はありません。好きなものを1つだけでもOK。やりたいと思うもの、気になるものだけ、チャレンジしてみてください。

## 3
### ながら運動、こまぎれ運動もOK

ＴＶを観ながら、雑誌を読みながら、歯を磨きながらの「ながら運動」も大歓迎です。また、こまぎれでおこなっても効果は同じ。目につくところにテニスボールを置いておけば、スキマ時間にコロコロとおこなえて続けやすくなりますよ。

## 4
### 大切なのは継続すること

1回ですべてをやろうとすると、長続きはしないもの。いちばん大切なのは、自分の性格や生活環境に合った、継続可能な無理のない計画です。

# レベルアップ編

## 目的別 INDEX

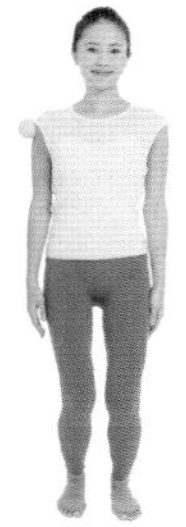

# 前肩改善リリース

壁と自重を利用して、肩から腕にかけての筋肉を手軽に効率よくほぐします。

STEP 1

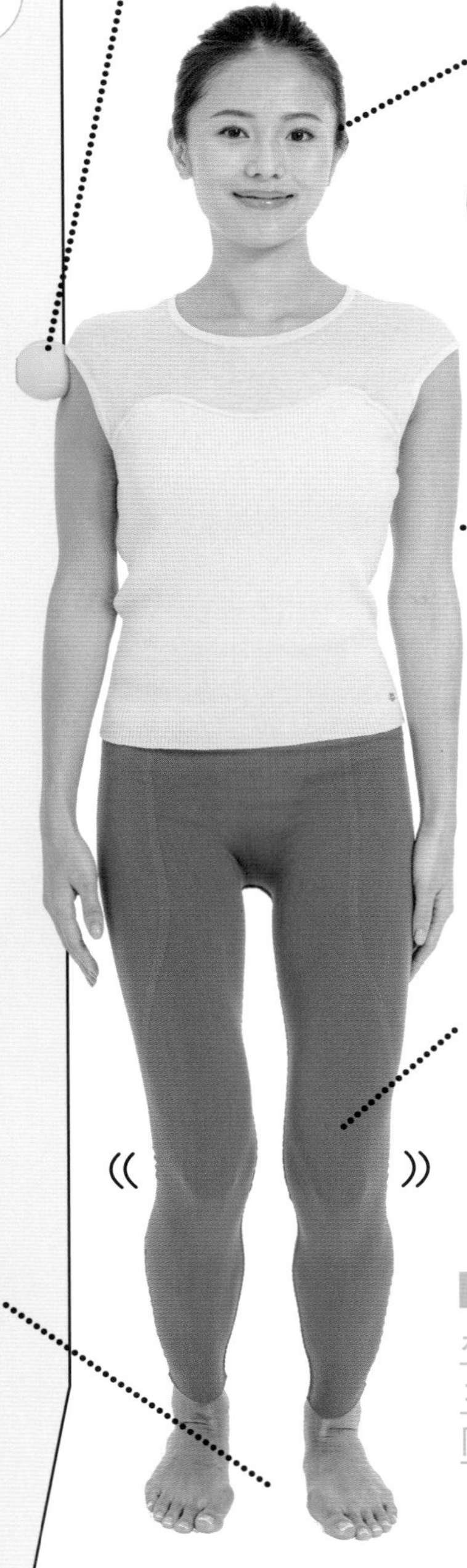


**POINT**

ボールを落とさないコツは、ボールを「見よう」としないこと

## STEP 1

肩と壁の間にテニスボールをはさみ、痛くない程度までグーッと圧をかける。そのままひざを屈伸させてボールを上下に動かす。

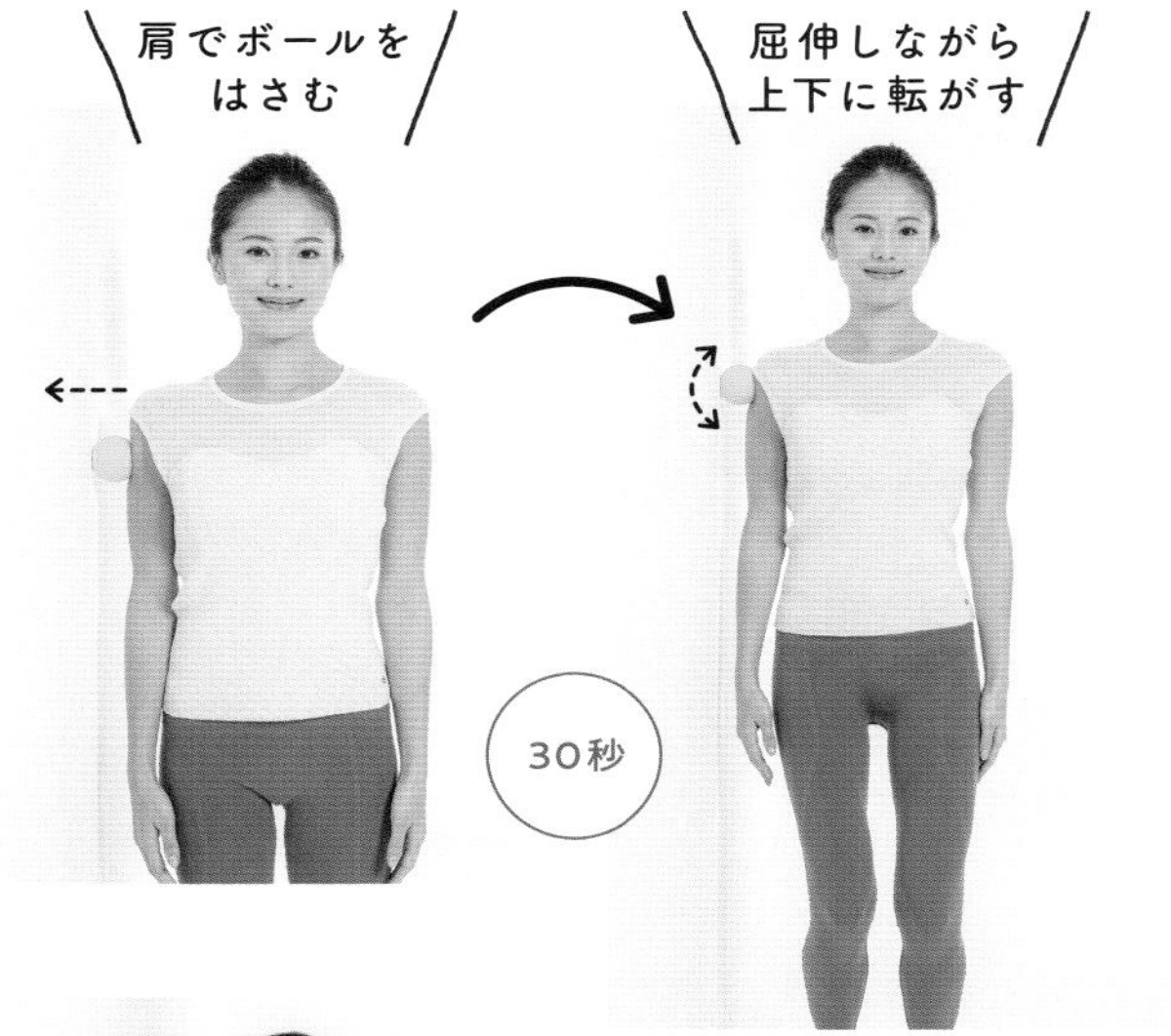


## STEP 2

壁と体の角度が45度の向きで立つ。肩と壁の間にテニスボールをはさみ、ひざを屈伸させてボールを上下に動かす。

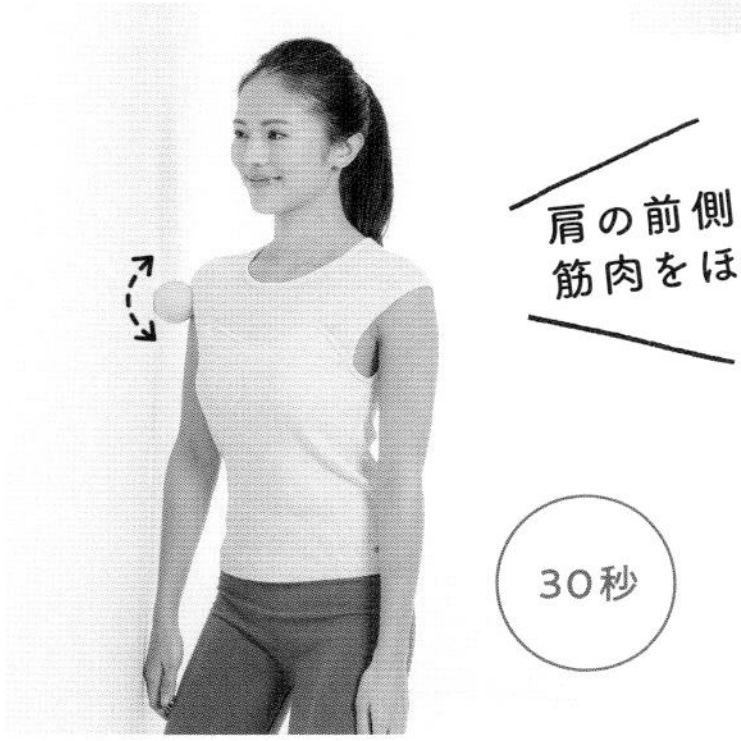


## STEP 3

体の向きを**1**に戻す。**1**のボールの位置から1個ぶん下にずらしてはさみ、上下に動かす。反対の肩も同様に。

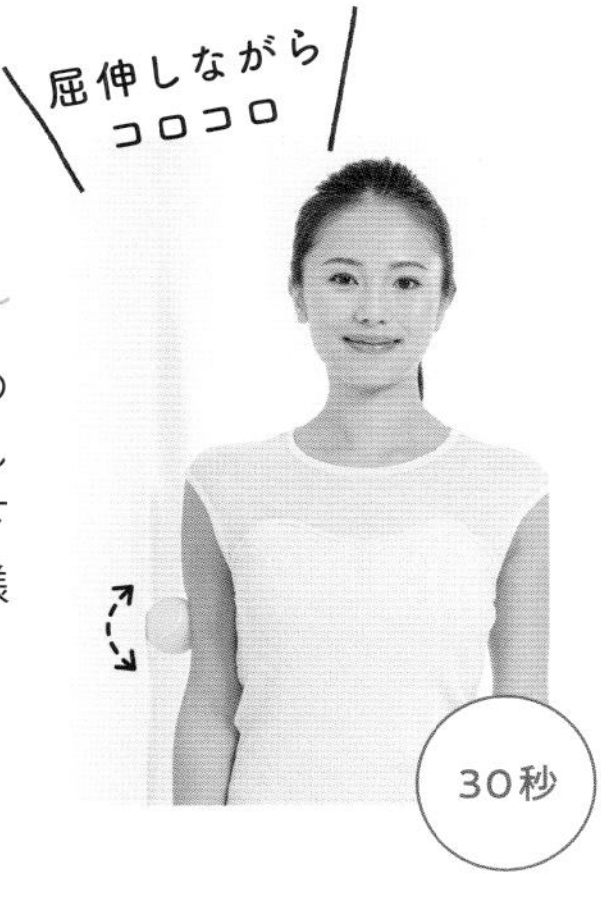


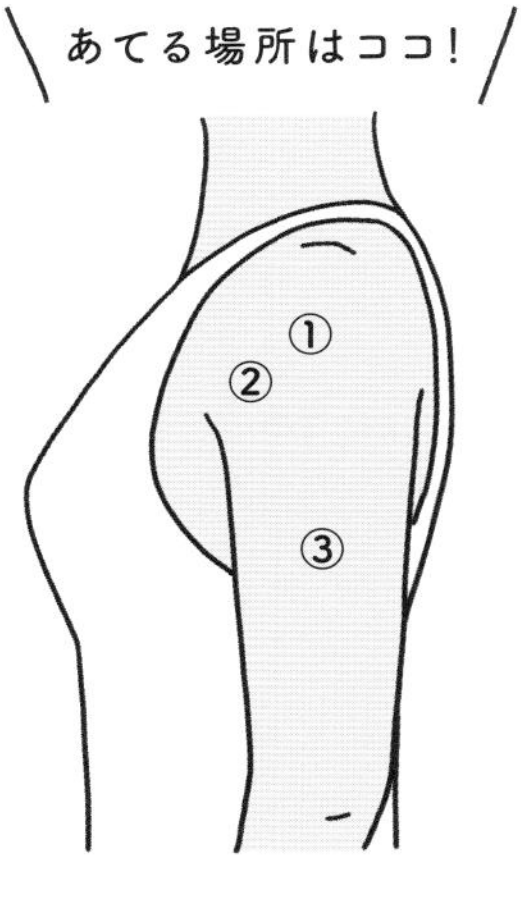

## デコルテ美人②

異次元の伸び！

# 肩ひねりストレッチ

コツをつかめば、簡単＆気持ちいい！
ひじの向きを変えるだけで
腕の前側がのび、胸筋もほぐれます。

STEP 3

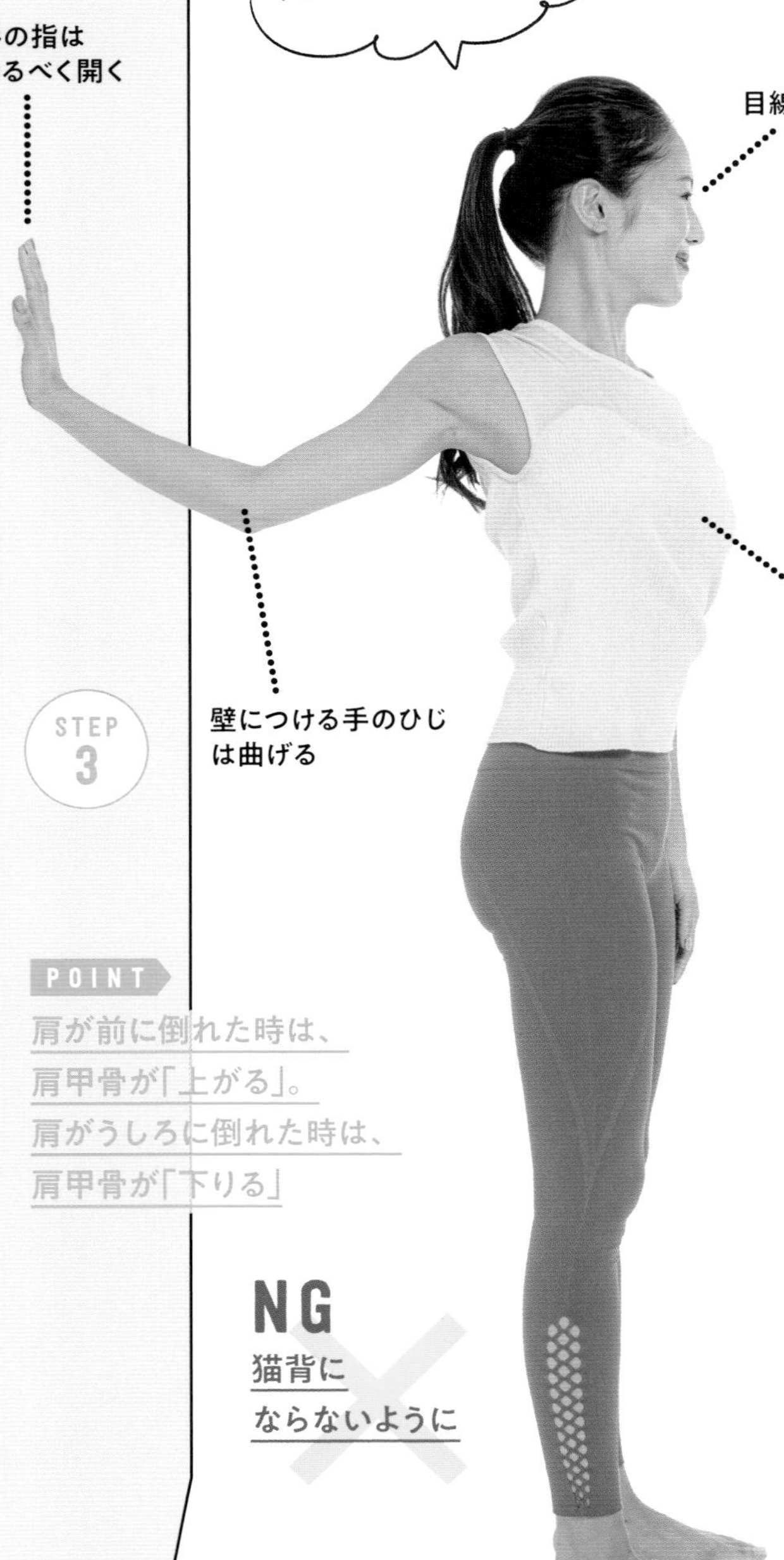


POINT

肩が前に倒れた時は、
肩甲骨が「上がる」。
肩がうしろに倒れた時は、
肩甲骨が「下りる」

**NG**

猫背に
ならないように

## STEP 1

壁に片手をつき、腕がほどよくのびる位置で立つ。脚をそろえ、つま先の向きもそろえる。

## STEP 2

手のひらを壁につけたまま、全身を壁と逆向きに90度ひねる。肩を前に倒すことを意識する（肩甲骨は上がる）。

## STEP 3

手のひらを壁につけたまま、肩を大きくうしろにまわすと自然に肩甲骨が下がり、上半身が元の位置に戻って胸の筋肉がのびる。**2**と**3**をくりかえす。反対の肩も同様に。

**さらにレベルアップ！**

壁につける手のひらの位置を高くすると、より強度がアップ。

# 二の腕リリース

やせにくい二の腕。
筋肉をほぐして、
シルエット激変へと導きます。

ぷよぷよ
二の腕から
卒業!

STEP 1

手首は自然にまっすぐに。
力んでいたり、外側に反っていたり
するとほぐれない

腕は、力まずブランと下ろす

ひざの屈伸より、
肩の上げ下げを意識する

あてる場所は
ココ!

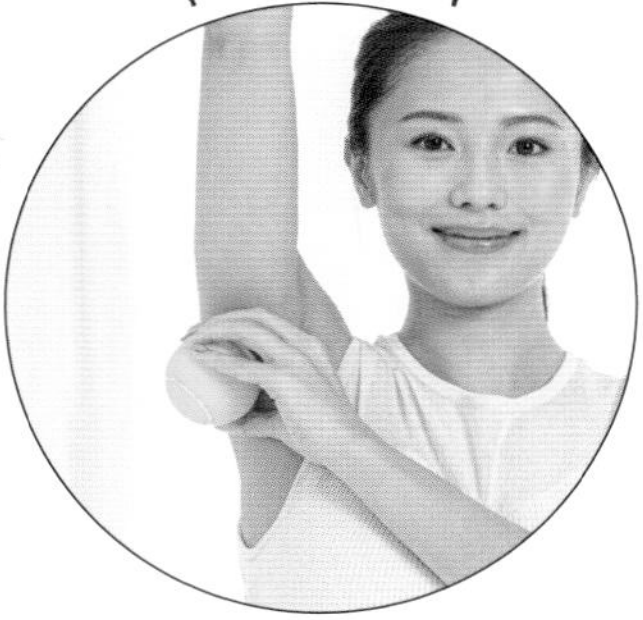

POINT

ボールを押さえようとしなくても
全身を壁に近づけるだけで、うまくはさめる

## STEP 1

壁に向かって、脚をそろえて立つ。右腕を上げ、二の腕と壁の間にテニスボールをはさむ。肩を上げ下げして、ボールを上下に転がす。

二の腕で
ボールをはさむ

屈伸しながら
上下に転がす

ひじの手前に
ボールを移動

## STEP 2

ボールの位置をひじの手前に変え、肩を上げ下げしてボールを上下に転がす。反対の腕も同様に。

**+1 ストレッチ**　このリリースの後、さらにストレッチをおこなうと効果アップ！

首なが
ストレッチ
→P60

or

肩ひねり
ストレッチ
→P74

# あごまわりリリース

あごまわりの筋肉を、安全かつ手軽にゆるめることができます。

## STEP 1

ボールを顔の横に軽く押しあてる。

位置は耳の下の手前

## STEP 2

「あ、い、う、え、お」と口を動かす。反対側も同様に。

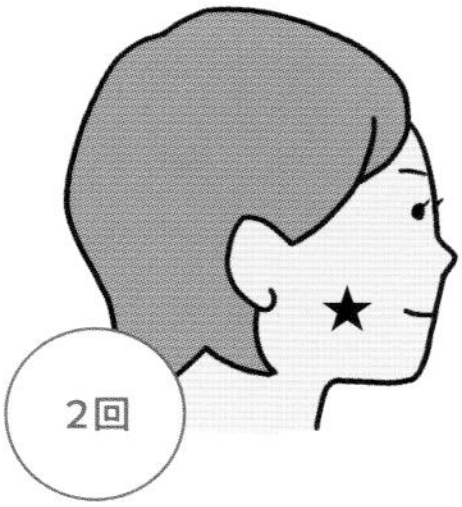


あてる場所はココ！

笑顔美人、降臨

手はピンとまっすぐ

ボールをあてるのは、ほお骨の下のくぼみ。「歯列がある」と手ざわりでわかる部分

**POINT**

ボールをあてて、口を大きく開けるだけでOK

**NG**

圧をかけすぎないこと。あごに影響が出るおそれも

足首やせ ①

# ふくらはぎコロコロ

足首からひざまわりのシルエットをすっきり整えます。

## STEP 1

ひざをのばして床に座る。ふくらはぎの下にテニスボールを置く。反対の脚はひざを立てる。

## STEP 2

ふくらはぎを中心に、ひざ裏の手前までボールを往復させる。反対の脚も同様に。

5往復

POINT

体の重みを、テニスボールに向かって垂直方向にかけるよう意識する

NG

足首は立てない

さらにレベルアップ!

心地よい痛みを感じるポイントで、ボールを小刻みに動かす。もう片方の脚をクロスさせることで、重みが増してより効率よくほぐすことができる。

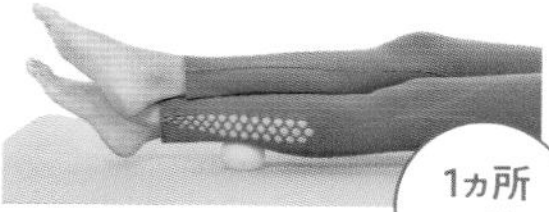

1ヵ所
5秒

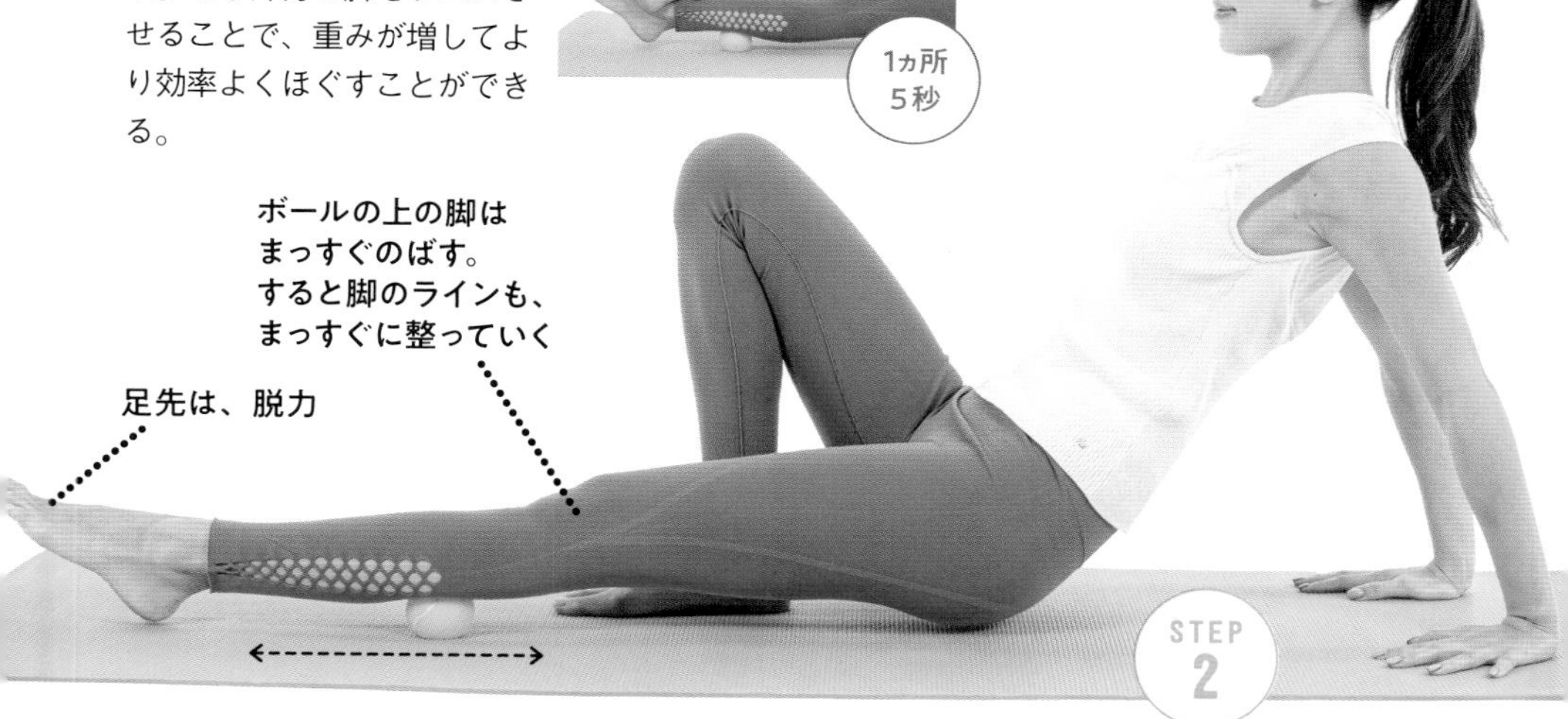

# すね リリース

ほぐしにくい「すね」を
効率よくリリースできます。

悶絶必至!

STEP 3

**POINT**

ボールに垂直に圧がかかるように。
あまり圧をかけすぎず、
イタ気持ちいいと感じる強さで

**NG**

あざになりやすい人は
体重をかけすぎないように注意。
様子を見ながらおこなって

# STEP 1

ボールをすねの外側にあてて正座をする。

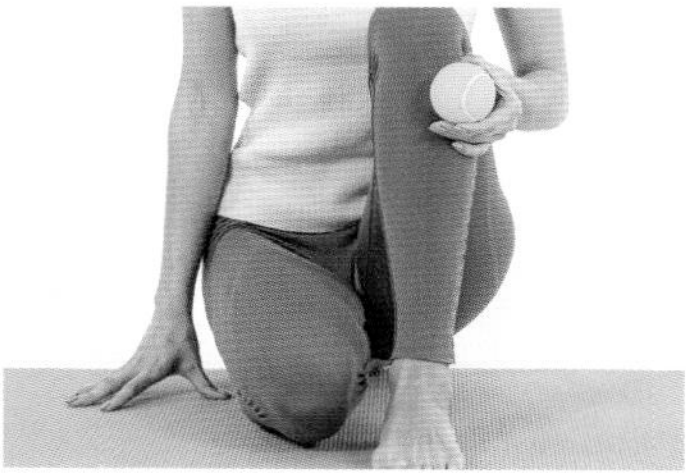

# STEP 2

体のわきに手をついて、正座のままボール1個ぶん、体を前にずらす。足首まで計4〜5つのポイントでくりかえす。

# STEP 3

足首からひざに向かってボールを転がすよう、体を動かす。反対の脚も同様に。

脚長も夢じゃない

# カーフストレッチ

STEP 3

ヒラメ筋と腓腹筋をストレッチ。
かかとを上げることで
足裏のアーチも作れます。

POINT
ふくらはぎの筋肉を
大きく伸び縮みさせる。
かかとを上げる時は
母指球で床を押す

POINT
リズムよく
おこなう

## STEP 1

椅子の背に両手でつかまる。左脚を大きく1歩うしろに引き、左足のかかとは床につけたまま、右ひざを曲げる。

戻る

戻る

## STEP 2

1の姿勢から重心を落として、左ひざを、かかとが浮かないように軽く曲げて、1の姿勢に再び戻る。

## STEP 3

母指球で床を押して左のかかとを上げ、ふくらはぎを縮め、足裏をのばす。左のかかとを床につけて1の姿勢に戻る。反対の脚も同様に。

1→2→1→3を3回

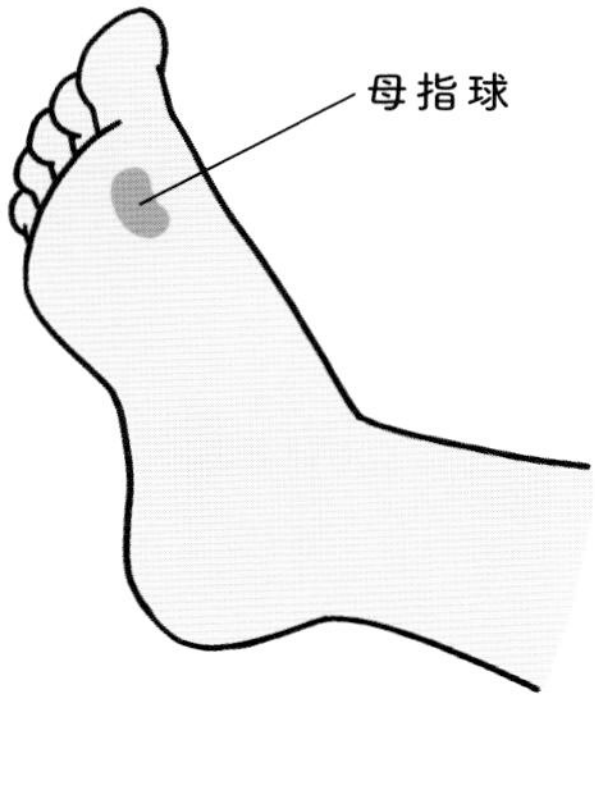

# 足首まわし

ひざ下のラインの問題を解消に導きます。

## STEP 1

ひざをのばして床に座り、手を床につく。

脚のラインまっすぐ

## STEP 3

**POINT**

ひざ裏にテニスボールを置いて転がして、特に痛いところを探すとよい

+1
ストレッチ

このリリースの後、さらにストレッチをおこなうと効果アップ！

美尻ストレッチ
→P66

or

カーフストレッチ
→P82

## STEP 2

ひざ裏にボールを置いてひざを左右に動かす。

痛いポイントを
見つけたら
ストップ

## STEP 3

見つけたポイントにボールを置いたまま足首を内回りにまわす。終わったら外回りに。反対の足も同様に。

各5回

ボールを置いていないほうの
足先もピンとのばす

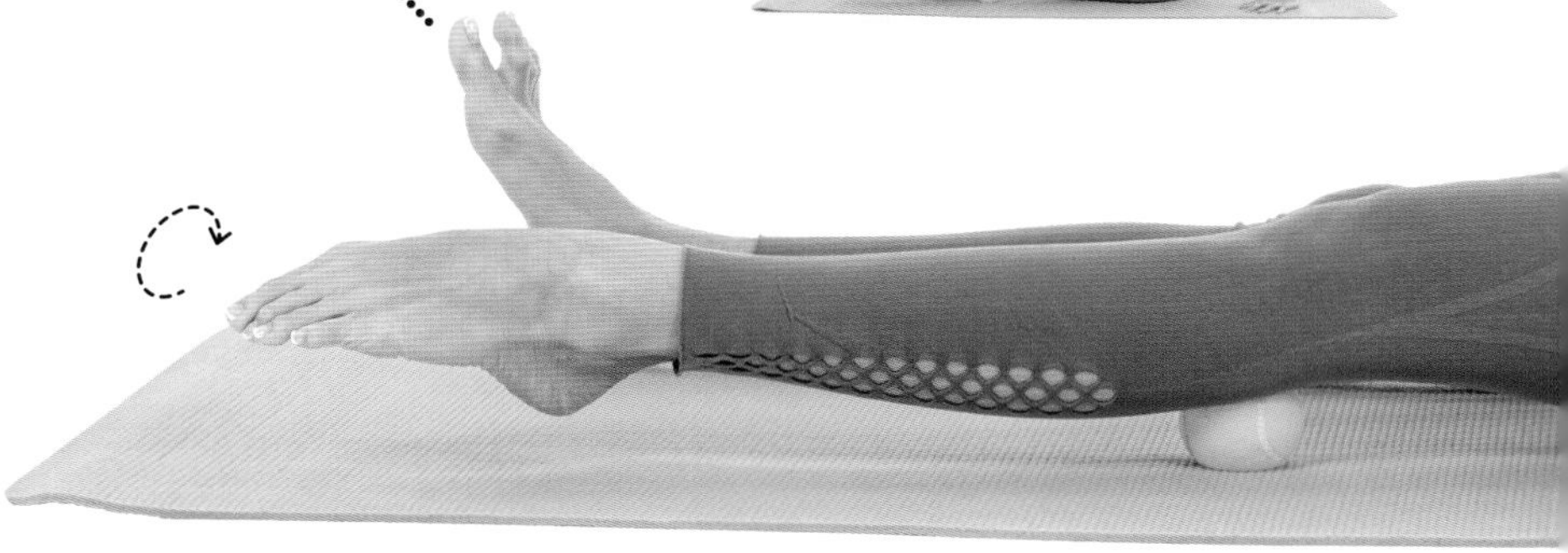

# 外ももリリース

面積の広い太ももの外側の筋肉を、手軽にリリースできます。

頑固なコリも一発解消

POINT

左脚をおこなう時は左手の上に右手を重ねるとやりやすい

STEP 2

# STEP 1

横座りをする。太ももの外側（ひざ近く）にボールを置き、両手で太ももをポンポンと押して重みをかける。

# STEP 2

ボールを1個ぶんお尻方向にずらし、重みをかける。計5〜6つのポイントで同じようにする。反対の脚も同様に。

**さらにレベルアップ！**

お尻方向にボールの位置を変えていった後、またひざに戻るようにボールの位置を変えていってもよい。慣れないとかなり痛いはず。

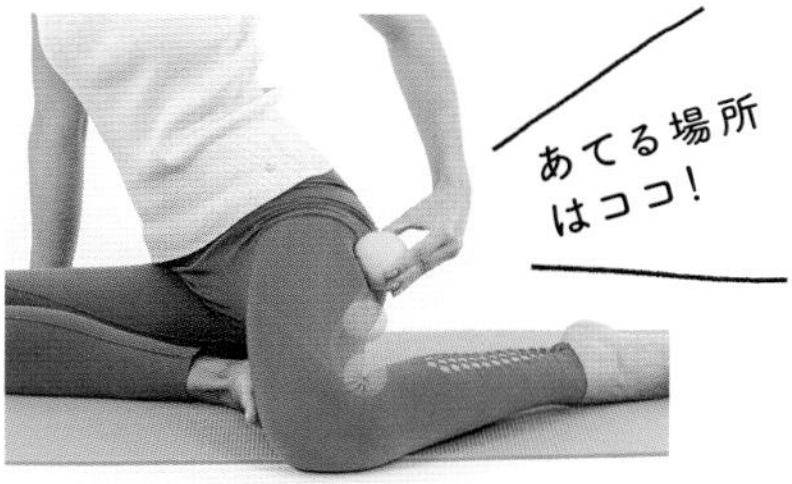

# 内ももコロコロ

太ももの筋肉の内側が
やわらかさを取り戻せば、
スリムなボディラインに。

スキニーが
似合う
美脚へ

## STEP 1

横座りをする。テニスボールを両手で持ち、内ももからひざにかけて転がす。反対の脚も同様に。

15秒

POINT

痛いところを
念入りにほぐす

STEP
1

# 太ももやせ③

# 美脚ストレッチ

太もも前面をのばして、脚のラインを引き上げます。

## STEP 1

椅子の背に右手でつかまる。左のかかとをお尻の位置まで上げて、足先を左手で持つ。

太ももの前面を
気持ちよくのばす

## STEP 2

おへそをひっこめ、のばしている太ももを少しうしろに引く。反対の脚も同様に。

10秒

**POINT**

かかとをお尻に
押し付けるようにイメージ

必殺・片脚立ち!

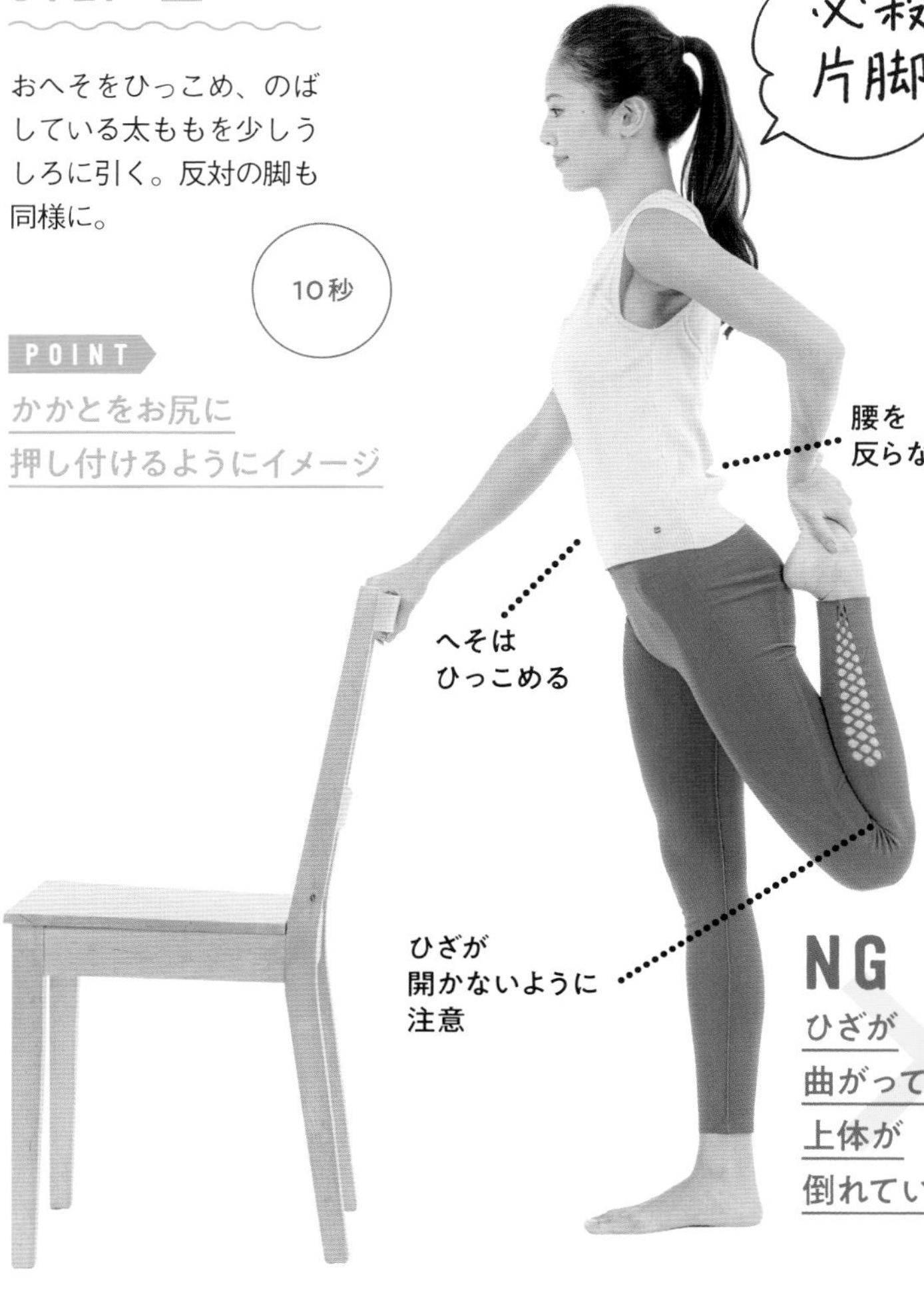

腰を
反らない

へそは
ひっこめる

ひざが
開かないように
注意

STEP 2

**NG**

ひざが
曲がっている、
上体が
倒れている

# 膣締めストレッチ

働きかけにくい
体の深部まで刺激が届きます。

## STEP 1

横向きに寝転び、股にボールをはさむ。

## STEP 2

両脚でギューッとボールを締めつける。体の向きを反対にして、同じようにおこなう。

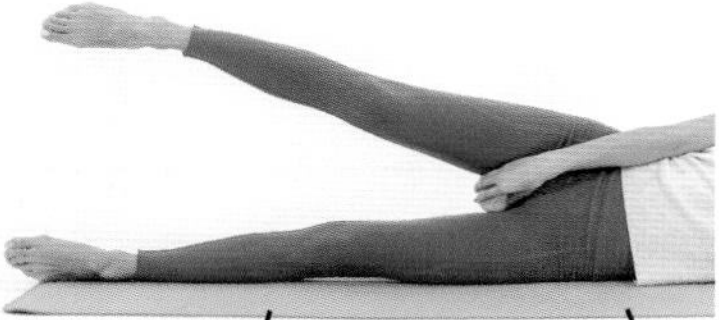

倒れないように
姿勢をキープ

5秒×
5回

息を吐きながら

**POINT**

ボールをつぶしながら
膣に吸い込むように意識する。
脚全体がまっすぐになり
足先が遠くまでのびる

オンナ度アップ!

STEP 2

息を吐いて姿勢を保つだけで、
側面の筋肉が使われて、
安定する

こちらの手で
バランスをとる

床についている手は
まっすぐのばす

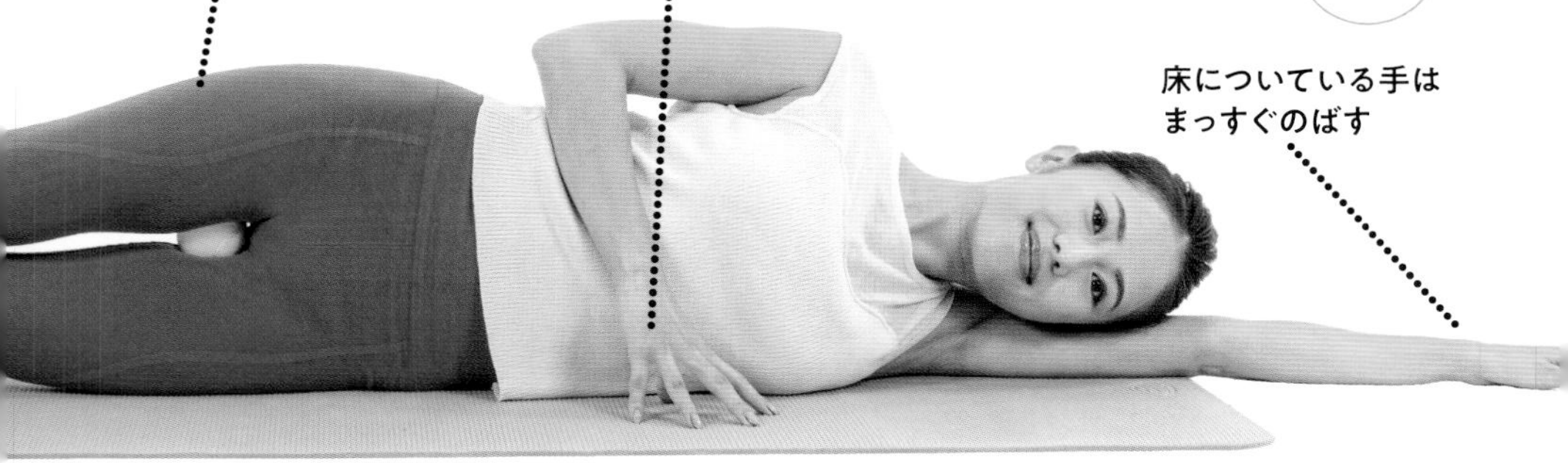

さらに
レベルアップ!

脚を床から浮かせて、息を吐きながら5秒キープ。

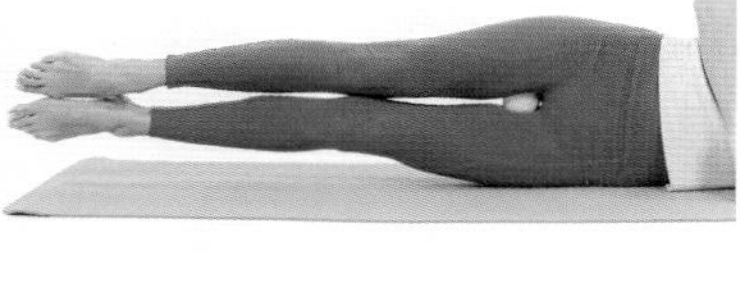

COLUMN

# 日本人の体は内向き?

日本人の体は、どちらかというと「内向き」です。「前傾」「内旋《ないせん》」「屈曲」の傾向があります。

私はその理由として、日本人の性格や文化、習慣の歴史に原因があるのではないかと考えています。私たちの祖先は着物のように、体に布をギュッと巻き付ける習慣を続けるうち、内向きの体になっていったのでしょう。

さらに正座やお辞儀の習慣、思ったことを口に出さない奥ゆかしい性格の民族性なども影響しているのではないでしょうか。心に思ったことを着物で包むように胸に秘めて、前傾姿勢で正座、お辞儀をする習慣は、足首、ひざ、股関節、背骨まですべてが内旋、屈曲の動きのしぐさです。

こうして極端に体が内向きになると、猫背、内股、巻き肩といった体のゆがみにつながります。

特に内股になると、太ももが横に張り出して太くなり、O脚は進み、骨盤は後傾しがちになります。実際、欧米人女性の骨盤は日本人より前傾なのです。

本書には体を外向きにしていくためのエクササイズがたくさんあります。内向きで屈曲のしぐさが多い日本人にとって、背面をゆるめて体を外向きにしていくことが、バランスのよい体づくりには必要ではないかと考えているからです。全身をニュートラルに整えていくために、外向きの姿勢や習慣を意識してみてくださいね。

# おわりに

「体をゆるめてやわらかくすると、やせていく」

これが、本書でお伝えしたい、いちばんのメッセージです。硬くなった筋膜をリリースし、筋肉をあるべきやわらかさに戻すだけで、姿勢は整い、重心はアップし、ボディラインは磨き上げられていきます。

もちろん美しさも手に入ります。でもメリットはそれだけではありません。体がやわらかくなると心も柔軟になり、体と心の許容範囲が広がります。その結果、自分にも人にも寛容でいられるようになるのです。

私のスタジオには若いトレーナーも多く在籍しています。私自身はもうすぐ60代に入ります。ですからフレッシュな感性をもった人たちとのコミュニケーションは、とても楽しく感じます。とはいえ、若い人との感覚のズレに違和感を覚えてしまう瞬間も、ないわけではありません。

そんな時の私の体はきまって「硬い」のです。体がカチカチだから脳もカタくなり、心も狭くなり、余裕もなくなってイライラする。そして、ちっぽけなことにこだわりすぎてしまう……。

みなさんも、マッサージや鍼灸の施術を受けると、ささいなことが気にならなくなったり、悩んでいたことがどうでもよく感じたりしませんか。不思議なことですが、体と心にはそれほど深い関係があるのです。ですから、体は常にやわらかくしておくほうがいい。本当にそう思います。

最後になりますが、私のメソッドの根幹でもあるテニスボールリリースを本としてまとめることは、私の念願でした。縁あって私にたどり着き、それをかなえてくださった編集部の前田さま、オタクな私の言葉を素敵にまとめてくださった山守さま、すべての撮影に立ち会い、構成を担当してくださった鈴木さま、1ヵ月のレッスンに真面目に取り組んでくださったモニターのみなさまにこの場をお借りして感謝の言葉をお伝えしたいです。そして、数ある本の中からこの本を手に取ってくださったみなさまにもお礼を申し上げます。心からありがとうございました!

「お客様を快適にしたい」というのが私のパーソナルトレーナーとしてのモットーです。

何歳からでも手軽に始められるテニスボールダイエットが、みなさまの心と体を快適にする助けとなりますよう、心から願っています。

KAORU

# STUDIO Apro

STUDIO Aproは、ひとりひとりに合った理想的なトータルボディを実現する、東京・表参道のパーソナルトレーニングスタジオです。

正しい骨の整列（ボーンライン）は〝健康と美の源〟。

併設する「Apro ACADEMY」では、オンライントレーニング、人数制のグループセッション、不定期開催の特別講座からプロ養成コースまで、理想の健康美を求める方々に向けた、豊富なプログラムを展開しています。

現在、テニスボールリリースなど「Apro's リリースメソッド」をご自宅でも体験できるオンライントレーニングが好評。スタジオでは新規受付をしていないKAORUのカウンセリングもオンラインなら対応可能です。

**公式サイト**
https://tsapro.co.jp/

TEL: 03-6721-1824（予約受付 10：00〜18：00）
MAIL：info@tsapro.co.jp

## KAORU
（かおる）

女優やモデル、美容専門家など〝美のプロ〟たちから絶大な支持を集めるカリスマトレーナー。

東京・表参道にある隠れ家的スタジオ「STUDIO Apro」主宰。

1962年、東京都生まれ。6歳からクラシックバレエをスタート、18歳から始めたエアロビクスでは全国1位を獲得（1987年全日本エアロビクスチャンピオンシップトリオ部門初代チャンピオン）。

フィットネス指導歴37年、のべ60万人の体を変えてきた。

各種ダンスはじめヨガ、ピラティスをマスターし、さらには加圧トレーナーの資格も取得。

筋膜をゆるめ、本来あるべきところに骨を戻す「リリース理論」を基礎として、ヨガやピラティスなどを融合させたホリスティックな独自の「KAORUメソッド」を提唱。


〝美のプロ〟たちへのパーソナルトレーニングはもちろん、高齢者向け、子供向け、機能障害のリハビリ向けなど、幅広くウェルネスプログラムをプロデュースしている。


現在58歳、近い将来の夢は「自分の孫と楽しめるベビーピラティス教室」の開講。

持論は「正しい骨の整列は、遺伝ではなく〝習慣〟の賜物」「筋肉がゆるめば幸せに近づく」。

著書に『自分で整体ストラップ』（講談社）がある。


**本書でご紹介したエクササイズの一部を動画で公開中**

**Instagram**
kaoru.apro

**Youtube**
QRコードもしくは
「スタジオアプロ」で検索

ブックデザイン＋描き文字 － 蓮尾真沙子（tri）
撮影 ―――― 村上未知
ヘアメイク ―――― 村田真弓
モデル ―――― 西澤絵理（Image）、
MARIE（P3,8,20,21上,94／STUDIO Apro）
衣装協力 ―――― チャコット（P22,45,71～90）
イラスト ―――― 黒猫まな子、伊藤美樹（人体図）
画像協力（P1） ―――― toto cafe/a.collectionRF/amanaimages
DTP ―――― 美創
執筆協力 ―――― 山守麻衣
構成 ―――― 鈴木恵美

女優やモデルのおうち習慣

# テニスボールダイエット

2020年6月10日　第1刷発行
2020年8月25日　第2刷発行

著　者　KAORU
発行人　見城　徹
編集人　福島広司
編集者　前田香織
発行所　株式会社　幻冬舎
〒151-0051　東京都渋谷区千駄ヶ谷4-9-7
電話　03-5411-6211（編集）　03-5411-6222（営業）
振替　00120-8-767643
印刷・製本　株式会社 光邦

検印廃止


ISBN978-4-344-03625-3　C0095
Printed in Japan
幻冬舎ホームページアドレス　https://www.gentosha.co.jp/
この本に関するご意見・ご感想をメールでお寄せいただく場合は、
comment@gentosha.co.jpまで。